Code Nederlands

basisleergang Nederlands voor volwassen anderstaligen

deel 1, docentenhandleiding

Afdeling Nederlands Tweede Taal

Vrije Universiteit Amsterdam

Folkert Kuiken

Alice van Kalsbeek

 MEULENHOFF EDUCATIEF AMSTERDAM

Code Nederlands

basisleergang Nederlands voor volwassen anderstaligen
is als volgt samengesteld:

Code Nederlands, tekstboek I
Code Nederlands, oefenboek I
Code Nederlands, set cassettes bij deel I
Code Nederlands, docentenhandleiding bij deel I

Code Nederlands, tekstboek II
Code Nederlands, oefenboek II
Code Nederlands, cassette bij deel II
Code Nederlands, docentenhandleiding bij deel II

Eerste druk, eerste oplage 1990, tweede oplage 1991
ISBN 90 280 6262 9
© 1990 Meulenhoff Educatief bv, Amsterdam

INHOUD

VOORWOORD

Met de komst van grote groepen anderstaligen naar Nederland is het vak Nederlands als tweede taal in de afgelopen decennia uitgegroeid tot een zelfstandige discipline. Aan diverse instellingen vindt onderzoek naar de verwerving van het Nederlands als tweede taal plaats en in gestaag tempo worden voor verschillende doelgroepen leermiddelen op de markt gebracht. *Code Nederlands, basisleergang Nederlands voor volwassen anderstaligen* is het produkt van een ontwikkelproject van de Afdeling Nederlands Tweede Taal van de Vrije Universiteit te Amsterdam. Dank zij de niet aflatende inspanningen van Jan Hulstijn kon het project gefinancierd worden. In een tijd waarin de aandacht en steun vooral naar het basisonderwijs en het voortgezet onderwijs uitgaan, bleek dat geen eenvoudige zaak. Uiteindelijk is het project gedeeltelijk gefinancierd door het Ministerie van Onderwijs en Wetenschappen, waarvoor wij met name de heer Juffermans dank willen zeggen. Wij zijn de Vereniging voor Christelijk Wetenschappelijk Onderwijs zeer erkentelijk voor het feit dat zij de voorfinanciering van het project op zich heeft willen nemen.

De voortgang en kwaliteit van het project werd bewaakt door een Begeleidingscommissie, bestaande uit Marijke Huizinga, Jan Hulstijn en Ineke Vedder. Wij danken hen hartelijk voor hun waardevolle opmerkingen en kritiek. Marijke Huizinga en Jan Hulstijn zeggen we daarnaast dank voor hun bijdragen aan de docentenhandleiding. Voor de ontwikkeling van deel 2 is Marijke Huizinga toegetreden tot het auteursteam.

Zowel binnen als buiten de VU werd met een proefversie van het materiaal gewerkt. Binnen de VU werd het materiaal uitgeprobeerd bij de volgende groepen: een groep Engelse studenten van het College of Ripon and York St. John, die in het kader van een Erasmus-uitwisseling aan de VU studeerden; een groep Amerikaanse studenten van het zogenaamde Netherlands Study Programme, die gedurende een semester onderwijs in Nederland volgden; een groep Marokkaanse leerkrachten die werden bijgeschoold tot docent OETC in Amsterdam, alsmede verschillende groepen anderstaligen die zich op een studie aan een tertiaire opleiding voorbereidden. We danken onze collega's Fouke Jansen, Hinke van Kampen, Ruud Stumpel en Marjolijn Wesselo van de Afdeling Nederlands Tweede Taal en Madelein van Baalen van het Taalcentrum-VU voor hun opbouwende kritiek bij deze proefversie. Buiten de VU werd het materiaal uitgeprobeerd in Tilburg aan de Katholieke Universiteit Brabant bij een groep Erasmus-studenten uit Engeland en in Amsterdam bij twee heterogeen samengestelde groepen binnen de afdeling ISKV van de Joke Smit School. Voor hun waardevolle opmerkingen willen we Hillegonde Kiewiet van de KUB en Ineke Kunst en Peu Verkooijen van de ISKV graag hartelijk danken.

In de loop van het project hebben we welkome administratieve ondersteuning gekregen van Wilma Elsing. We zijn haar zeer dankbaar voor het gereed maken van de kopij en voor het samenstellen van het register.

Tot slot willen we onze dank uitspreken aan mejuffrouw Scheffer die onze schakel met de uitgeverij vormde. Zij heeft ervoor gezorgd dat veel van onze wensen betreffende de uitvoering van het materiaal gehonoreerd konden worden, waardoor we zeer prettige herinneringen aan onze samenwerking bewaren.

Amsterdam, augustus 1990.
De auteurs.

1   INLEIDING

1.1   Karakterisering

Code Nederlands is een basisleergang Nederlands voor volwassen anderstaligen. De leergang omvat twee delen, elk bestaande uit een tekstboek en een oefenboek voor de cursist, een handleiding voor de docent en een set geluidscassettes. Een serie computer-oefeningen is nog in ontwikkeling aan de Afdeling Nederlands Tweede Taal van de Vrije Universiteit. Bij de samenstelling van de leergang is volgens ideeën van de functioneel-notionele aanpak te werk gegaan. Elke les is opgebouwd rond een thema, waarbij een aantal taalhandelingen en begrippen centraal staat. De te behandelen grammaticale onderwerpen zijn gekoppeld aan deze functies en noties. Het taalaanbod wordt gepresenteerd in de vorm van korte, coherente teksten, zowel luister- als leesteksten, die de cursist de mogelijkheid bieden om nieuwe woorden, uitdrukkingen en structuren te leren in een betekenisvolle context. De teksten sluiten zoveel mogelijk aan bij de leefwereld, belangstellingssfeer en taalgebruikssituaties van de doelgroep. In totaal krijgt de cursist zo'n 3000 woorden aangeboden, waaronder de 2000 meest frequente woorden van het Nederlands.

In de volgende paragrafen wordt nader ingegaan op de redenen die tot het schrijven van *Code Nederlands* hebben geleid, op de gekozen doelgroep en doelstellingen, op de uitgangspunten van de leergang en op de selectie en ordening van de leerstof.

1.2   Achtergrond

In het tweede-taalonderwijs hebben de laatste jaren een aantal opmerkelijke ontwikkelingen plaatsgevonden. Een daarvan is de steeds groter wordende aandacht voor het communicatieve aspect van taal. Het accent dat vroeger op de taalvorm werd gelegd, is daarbij verschoven in de richting van taalinhoud en taalgebruik. De 'communicatieve bedoeling' van de tweede-taalverwerver heeft een centrale plaats toebedeeld gekregen, met als gevolg niet langer exclusieve aandacht voor de taalstructuur, maar meer voor de manier waarop je als taalgebruiker iets gedaan kunt krijgen en voor woorden en begrippen. Een tweede accentverschuiving betreft het belang dat aan de ontwikkeling van receptieve vaardigheden moet worden gehecht. Aan het moment waarop een woord, uitdrukking of constructie bij het spreken of schrijven gebruikt wordt, gaat een periode vooraf waarin dat element door middel van lezen of luisteren is opgenomen en verwerkt. In de derde plaats is men ervan overtuigd geraakt dat een tweede-taalverwerver veel taal aangeboden moet krijgen en dat dit taalaanbod begrijpelijk en relevant moet zijn. Begrijpelijk taalaanbod houdt in dat dit is afgestemd op het niveau dat de taalverwerver in de tweede taal heeft bereikt; relevant taalaanbod betekent dat er onderwerpen worden gekozen die aansluiten bij de behoeften en interessesfeer van de tweede-taalverwerver. Verder wordt steeds meer onderkend hoe belangrijk het is veel aandacht aan de opbouw van de woordenschat te schenken. Wie veel woorden kent, begrijpt meer en zal zich gemakkelijker verstaanbaar kunnen maken.

Wat het overheidsbeleid ten aanzien van het onderwijs Nederlands als tweede taal betreft, kan worden vermeld dat er stappen zijn ondernomen om te komen tot ontwikkeling van een programma Nederlands als tweede taal voor hoger opgeleide anderstaligen; daarnaast bestaan er plannen voor civiele erkenning van de behaalde studieresultaten (certificering).

Door al deze ontwikkelingen is de behoefte aan nieuw leermateriaal ten behoeve van het onderwijs Nederlands als tweede taal sterk gegroeid. Met *Code Nederlands* hebben we op deze behoefte willen inspelen door de bovengenoemde inzichten in de leergang te verwerken.

1.3 Doelgroep

Code Nederlands is geschreven voor (bijna) volwassen anderstaligen met een 'hogere opleiding' die nog geen kennis van het Nederlands bezitten. Daarmee worden anderstaligen bedoeld die qua opleiding geen beroep kunnen doen op de Rijksregeling Basiseducatie. Dit betreft niet-Nederlandstaligen die in het buitenland minimaal enige jaren voortgezet onderwijs hebben gevolgd. De leergang kan ook gebruikt worden voor volwassenen die buiten het Nederlandstalig gebied Nederlands willen leren.

1.4 Doelstelling

Het niveau waarop de cursist met *Code Nederlands* wordt gebracht, is afgestemd op de doelstellingen die door de Programmacommissie Nederlands als Tweede Taal voor Volwassenen (1986) zijn omschreven. Als eindniveau heeft deze commissie geformuleerd dat een leerder het Nederlands zodanig beheerst dat hij een studie in het secundaire of tertiaire onderwijs kan volgen of kan functioneren in het middenkader van een bedrijf. Halverwege dit niveau wordt een basisniveau onderscheiden. Deel 1 en 2 van *Code Nederlands* brengen de cursist tot dit basisniveau. Op dit niveau beschikt de cursist over onderstaande vaardigheden met betrekking tot luisteren, lezen, spreken en schrijven:

Luisteren

De leerder kan globaal begrijpen wat hij hoort in
a) niet-interactieve situaties (radio en televisie) en
b) interactieve situaties (formele contacten in bijvoorbeeld winkels of dienstverlenende instellingen en informele contacten, zoals contacten met collega's in een bedrijf of met medestudenten in een opleiding).

Lezen

De leerder begrijpt folders, formulieren, opschriften en gebruiksaanwijzingen waarmee de doorsnee burger in het dagelijks leven te maken kan krijgen. Hij kan naslagwerken raadplegen, zoals een woordenboek, een encyclopedie, een telefoonboek, een spoorboekje en hij begrijpt niet al te moeilijke informatieve en diverterende teksten uit onder andere dag- en weekbladen.

Spreken

De leerder is in staat informatie, uitleg en advies te geven en te vragen; oordelen, meningen, ervaringen en emoties uit te drukken; contact te openen, voort te zetten en te beëindigen in
a) formele contactsituaties in winkels, in de dienstensector (post- en bankzaken, gezondheidszorg en dergelijke), en bij cultuurbeleving en recreatie (theater, stadion en dergelijke) en
b) informele contactsituaties (informele contacten met collega's in een bedrijf of met medestudenten in een opleiding).

Schrijven

De leerder heeft voldoende kennis van spelling, grammatica en woordenschat om zich op een voor een native speaker begrijpelijke wijze schriftelijk uit te drukken in

a) antwoorden op informatieve vragen van zakelijke aard in formele contacten over onderwerpen waarmee de doorsnee burger in het dagelijks leven te maken heeft (bijvoorbeeld het verstrekken van personalia bij het invullen van formulieren) en

b) een kort briefje of mededeling (boodschap, notitie van informele of formele aard, bijvoorbeeld het doorgeven van de boodschap dat een gemaakte afspraak niet door kan gaan).

1.5   Uitgangspunten

Functies en noties

Zo'n vijftien jaar geleden hebben de uitgangspunten van de functioneel-notionele benadering hun intrede gedaan in het tweede-taalonderwijs. Met name Wilkins (1976) heeft met zijn werk belangstelling voor deze aanpak gewekt. In deze benadering is de rol van de grammatica ondergeschikt gemaakt aan de communicatieve bedoeling die een spreker wil overbrengen. Dat betekent dat de aandacht vooral wordt gericht op woorden en/of begrippen (noties) en op wat er met die woorden kan worden gedaan, de zogenaamde taalhandelingen of functies. Voorbeelden van functies zijn: 'naar de weg vragen', 'een uitnodiging afslaan', 'zich verontschuldigen' of 'een mening formuleren'. Voor verschillende talen zijn lijsten van functies en noties tot stand gekomen. Daarbij is een belangrijke stimulerende werking uitgegaan van de door de Raad van Europa ingestelde projectgroep Levende Talen. Deze groep heeft een zogenaamd unit-credit systeem ontwikkeld, waarbij het doorlopen van een bepaald curriculumonderdeel (unit) beloond wordt met een certificaat (credit). In *The Threshold Level* (Van Ek, 1977) wordt in communicatieve termen een beschrijving gegeven van een algemeen taalvaardigheidsniveau, dat de eerste unit van het systeem vormt. Deze beschrijving omvat onder meer een klassificatie van taalgebruikssituaties, thema's, rollen, functies, noties en taalstructuren. In latere jaren verschenen soortgelijke beschrijvingen voor andere talen, onder andere voor het Nederlands (Wynants, 1985). Dit *Drempelniveau* is weliswaar voor het Nederlands als vreemde taal samengesteld, maar het bevat ook een aantal suggesties voor aanpassing aan het onderwijs Nederlands als tweede taal. Op grond hiervan en dank zij het feit dat de functies, noties en grammatica op dit elementaire niveau van een vrij algemeen karakter zijn, werden de in het *Drempelniveau* opgenomen lijsten van functies en noties als checklist gebruikt bij de samenstelling van *Code Nederlands*.

Grammatica

De opzet van de leergang vanuit een functioneel-notionele benadering, betekent niet dat er geen aandacht aan de grammatica wordt geschonken. Wel staat de taalvorm altijd in dienst van de boodschap die de spreker wil overbrengen. Grammatica dus als middel, niet als doel. Waar mogelijk wordt de grammatica gekoppeld aan de taalhandelingen die in een les gepresenteerd worden: de gebiedende wijs wordt bijvoorbeeld behandeld naar aanleiding van de functie 'iemand aansporen', terwijl in aansluiting op de functie 'vrijstelling geven' wordt ingegaan op de constructie 'niet hoeven te ...'.

Voor zover er grammaticale regels geformuleerd worden, ligt het accent op de concrete toepassing van de regels in het taalgebruik, niet op de abstracte kennis ervan. Daarbij worden de betreffende constructies zoveel mogelijk geïllustreerd door middel van voorbeelden die uit de luister- en leesteksten afkomstig zijn. De 'grammaticale inventaris' uit het *Drempelniveau* is als checklist gebruikt bij de keuze van de onderwerpen die in de leergang worden behandeld.

Receptieve versus produktieve verwerving

Taalbegrip gaat vooraf aan taalproduktie. Voor het tweede-taalonderwijs betekent dit dat eerst aandacht moet worden besteed aan de receptieve verwerving van een bepaald taalelement, voordat het gebruik van dat element in de taalproduktie mag worden vereist. Ontwikkeling van taalbegrip staat in *Code Nederlands* dan ook voorop. Niettemin wordt vanaf de eerste les aandacht besteed aan produktieve vaardigheden. Niet alle taalleerders hebben immers behoefte aan een zogenaamde 'stille periode'. Veel anderstaligen die het Nederlands als tweede taal willen leren bijvoorbeeld, zijn vaak al enige tijd in Nederland voordat zij aan een beginnerscursus Nederlands deelnemen. In die periode hebben ze onwillekeurig al veel Nederlands om zich heen gehoord, ze zijn al enigszins gewend geraakt aan de tongval en hebben vaak al enkele formules als 'Dank u wel', 'Alstublieft' of 'Dag' opgepikt. Het spreekt vanzelf dat er bij alle onderdelen die in *Code Nederlands* nieuw worden aangeboden, eerst aandacht besteed wordt aan verwerking op receptief niveau, voordat overgegaan wordt tot produktieve oefening.

Taalaanbod

Om een tweede taal succesvol te leren is het belangrijk dat de cursist veel taal krijgt aangeboden. Dit taalaanbod moet betekenisvol, begrijpelijk en interessant zijn. Daartoe krijgt de cursist in elke les een aantal uiteenlopende lees- en luisterteksten voorgelegd, minimaal vijf, maximaal dertien. Het aantal nieuwe woorden dat per les wordt aangeboden ligt gemiddeld rond de honderd. Om het taalaanbod voor de cursist interessant te maken, zijn thema's en situaties gekozen die aansluiten bij de behoeften, leefwereld en belangstellingssfeer van de doelgroep. Bij gebrek aan resultaten van onderzoek naar de behoeften van de doelgroep, kwam deze keuze tot stand op basis van intuïtie en ervaring en door het raadplegen van werken als het *Drempelniveau*. Met het oog op een betekenisvol aanbod wordt de taal gepresenteerd in korte, coherente teksten. Zo mogelijk is daarbij gebruik gemaakt van authentieke teksten. De moeilijkheidsgraad van veel authentieke teksten is evenwel, zeker voor de eerste lessen, te hoog. Vanuit het oogpunt van begrijpelijkheid werd in veel gevallen de voorkeur gegeven aan bewerking van een authentieke tekst of werd gekozen voor een zelf geschreven tekst.

Woordenschat

Met betrekking tot de woordenschat werd bij de samenstelling van de leergang gesteund op het *Basiswoordenboek Nederlands* (De Kleijn & Nieuwborg, 1983). Dit woordenboek bevat de 2000 meest frequente woorden van het Nederlands. We beschouwen deze woorden als relevant voor anderstaligen in de beginfase van het tweede-taalverwervingsproces. Voorzover mogelijk is getracht deze woorden te koppelen aan de noties die in de leergang werden opgenomen. Er zijn ook andere voor de doelgroep relevante woorden die ontbreken in het *Basiswoordenboek Nederlands* doordat ze minder frequent zijn. Dergelijke woorden, zoals 'ziekenfonds', 'luchtpostbrief', 'loket', 'metro', 'geboortedatum', 'havo' en 'woonplaats', worden ook in *Code Nederlands* geïntroduceerd. Daarnaast leidt het gebruik van authentieke teksten tot opname van woorden die niet tot de 2000 meest frequente woorden van het Nederlands behoren.

Het totaal aantal woorden dat in *Code Nederlands* wordt aangeboden, bedraagt zo'n 3000 woorden. Deel 1 bevat hiervan ruim de helft, waaronder een kleine 1000 woorden uit het *Basiswoordenboek Nederlands*.

1.6 Selectie en ordening van de leerstof

In het bovenstaande zijn al een aantal aspecten naar voren gekomen die een rol spelen bij de manier waarop de leergang is ingevuld. Een van deze aspecten betreft de thema's waaromheen de leerstof gegroepeerd is. Getracht is deze thema's zo veel mogelijk af te stemmen op de behoeften en leefwereld van de doelgroep. Vervolgens is vastgesteld welke taalgebruikssituaties op dit niveau aan de thema's gekoppeld moeten worden. Bij een thema als 'Reizen en verkeer' bijvoorbeeld, is gekozen voor de volgende situaties: het vragen naar de weg aan een onbekende op straat; het kopen van een treinkaartje aan het loket op het station; een woordenwisseling met een controleur in de tram over een geldig plaatsbewijs; informatie over zones en strippen en een dienstregeling.

In aansluiting hierop is nagegaan welke taalhandelingen naar alle waarschijnlijkheid in deze situaties voorkomen. Zo ligt het voor de hand dat bij het vragen naar de weg aan een onbekende taalhandelingen worden gebruikt als 'iemand aanspreken', 'naar de weg vragen', 'de weg wijzen', 'controlevragen stellen', 'bedanken' en 'reageren op bedanken'. De begrippen die in deze situatie met de genoemde taalhandelingen zijn verbonden, betreffen zaken als middelen van vervoer, plaatsaanduidingen, verkeersaanwijzingen en richting. Dit houdt het gebruik in van woorden als 'auto', 'bus', 'hier', 'daar', 'stoplicht', 'oversteken', 'linksaf' of 'rechtdoor'. In principe worden de grammaticale constructies gekoppeld aan de taalhandelingen die in een les voorkomen. In de les over 'Reizen en verkeer' betekent dat dat onder andere aandacht wordt besteed aan de vragende voornaamwoordelijke bijwoorden 'waarnaartoe' en 'waarheen'.

In eerste instantie is in *Code Nederlands* dus het principe gehanteerd dat de vraag welke taalhandelingen in een les aan de orde moeten komen, bepaald wordt door de gekozen taalgebruikssituaties, terwijl de taalhandelingen op hun beurt bepalen aan welke taalstructuren aandacht wordt besteed.

Soms is het niet zo duidelijk aan welke situatie een bepaalde taalhandeling nu het best gerelateerd kan worden. Het is bijvoorbeeld mogelijk iemand iets te beloven in een café, aan tafel, of op het postkantoor. In dergelijke gevallen is vaak vanuit praktische overwegingen besloten een bepaalde functie al dan niet in een les op te nemen.

Soortgelijke praktische overwegingen hebben ook een rol gespeeld bij de verdeling van de thema's over de lessen. Uit het oogpunt van nuttigheid voor de cursist is ervoor gekozen thema's als 'Personalia', 'Eten en drinken' en 'Begrijpen en verstaan' vooraf te laten gaan aan thema's als 'Kranten en tijdschriften', 'Media' en 'Politiek'. Een andere volgorde was evenwel heel goed mogelijk geweest. Zolang er echter geen algemeen aanvaarde volgorde bestaat voor het aanbieden van taalhandelingen, rest ons niet anders dan een beroep te doen op onze eigen ervaringskennis, intuïtie en creativiteit.

Uit didactisch oogpunt is de hoeveelheid informatie die de cursist per les krijgt aangeboden met betrekking tot functies, begrippen en grammatica, beperkt. Als in een les bijvoorbeeld aan een bepaalde taalhandeling aandacht wordt besteed, dan worden niet alle mogelijke manieren waarop die functie gerealiseerd kan worden, opgesomd. In het algemeen is gekozen voor enkele gangbare zinswendingen die in de betreffende taalgebruikssituatie gehanteerd kunnen worden. Andere manieren waarop de functie kan worden uitgedrukt, komen in volgende lessen in andere taalgebruikssituaties aan de orde. Dit geldt eveneens voor de noties en de grammatica. Op die manier is er sprake van een cyclische ordening. Ook de thema's van deel 1 komen in deel 2, zij het in gewijzigde vorm, terug.

2.1   Leermiddelen

Beide delen van *Code Nederlands* bestaan uit een tekstboek en een oefenboek voor de cursist, een handleiding voor de docent en een set geluidscassettes. De leerstof is zowel in deel 1 als in deel 2 onderverdeeld in zestien leseenheden.

Tekstboek

Het tekstboek van deel 1 begint met een inhoudsopgave, waarin per les de volgende informatie is opgenomen: de titel en het thema van de les, de teksten c.q. taalgebruikssituaties, de functies, de noties en de grammatica die in de les wordt behandeld. Daarna volgen de zestien lessen. Achterin het boek zijn drie appendices opgenomen: een kaart van Nederland en Vlaanderen, een lijst van aardrijkskundige namen en een lijst van onregelmatige werkwoorden. Tot slot volgt een register van de woorden die in de lessen zijn aangeboden. Achter elk woord is het nummer van de les opgenomen waarin het woord voor het eerst voorkomt. Als een woord in het *Basiswoordenboek Nederlands* staat, dan is dit aangegeven met een zwarte stip (•).

Oefenboek

In het oefenboek is oefenmateriaal bij de zestien lessen opgenomen. Het is bedoeld als werkboek, waarin de cursisten hun antwoorden op de opdrachten kunnen schrijven.

Geluidscassettes

Het geluidsmateriaal behorend bij deel 1 van *Code Nederlands* is opgenomen op drie geluidscassettes. Op twee daarvan staan de luisterteksten uit het tekstboek. In het teksboek zijn deze teksten aangegeven door middel van een cassettetekentje (▭▭). Van sommige luisterteksten is ook een gepauzeerde versie opgenomen. De derde cassette bevat luister- en uitspraakoefeningen. De cassettes zijn ingesproken door de volgende personen: Janke Dekker, Viola van Emmenes, Fred Emmer, Vincent van Engelen, Alfred Lagarde, Trudy Libosan, Edvard Niessing, Hans Pauwels, Harmke Pijpers, Winfried Povel, Meta de Vries en Ilse Wessel.

Docentenhandleiding

De voor u liggende docentenhandleiding bevat algemene informatie betreffende de achtergrond en uitgangspunten van de leergang (hoofdstuk 1), de opbouw van *Code Nederlands* (hoofdstuk 2) en de werkwijze (hoofdstuk 3). Vervolgens worden per les specifieke aanwijzingen gegeven omtrent de behandeling van de verschillende lesonderdelen (hoofdstuk 4). Daarna worden de luister- en uitspraakoefeningen behandeld (hoofdstuk 5). Tot slot is bij elke les een toets opgenomen (hoofdstuk 6).

2.2   Opbouw van een les

Titels

Behalve van een nummer zijn de lessen voorzien van een titel. De titel van elke les is geïnspireerd op een van de functies die in de betreffende les centraal staan. De titel van les 1 'Hoe heet u?' is gekozen naar aanleiding van de functie 'vragen naar een naam en reactie'. In les 2 'Hoe gaat het ermee?' komt de functie 'vragen hoe het met iemand gaat en reactie' aan de orde. In les 3 'Ja, lekker!' wordt de functie 'positief beoordelen' behandeld, enzovoort. Op die manier geven de titels enigszins een indicatie van de in de les aangeboden functies.

Thema's

Zoals hierboven werd aangegeven, is voor elke les een thema gekozen. De thema's die achtereenvolgens aan de orde komen, zijn: 1. Personalia, 2. Uitgaan, 3. Eten en drinken, 4. Begrijpen en verstaan, 5. Boodschappen doen, 6. Kleding, 7. Reizen en verkeer, 8. Diensten, 9. Kranten en tijdschriften, 10. Media, 11. Politiek, 12. Gespreksvoering, 13. Wonen, 14. Gezondheid, 15. Onderwijs en 16. Werk en beroep.

Blokken

Elke les is onderverdeeld in blokken: A tot en met F. De blokken A, B, C en D bevatten de basisleerstof van elke les. Eerst worden een of meerdere lees- of luisterteksten gepresenteerd, gevolgd door een aantal kaders waarin wordt ingegaan op de functies, noties en grammaticale constructies die in de uitgangsteksten worden aangeboden. Blok E bevat extra materiaal, dat niet tot de basisstof van de les behoort. Dit blok bestaat meestal uit een of meerdere leesteksten, een enkele keer is ook een luistertekst opgenomen. Deze teksten zijn vaak iets moeilijker dan die uit de voorgaande blokken; in veel gevallen gaat het om authentieke teksten. In dit blok worden geen nieuwe functies, noties of grammaticale onderwerpen gepresenteerd. In blok F ten slotte, is een lijst opgenomen van woorden die nieuw zijn in een les. In deze lijst staan alleen inhoudswoorden: zelfstandige naamwoorden (voorafgegaan door het bepaald lidwoord), werkwoorden, bijvoeglijke naamwoorden en bijwoorden. Functiewoorden, zoals voornaamwoorden, voegwoorden en voorzetsels bevat deze lijst niet. Die woorden zijn wel in het register achterin verwerkt. Ze zijn niet in de lijsten aan het eind van een les opgenomen omdat ze een gesloten klasse vormen: na een aantal lessen zijn de meeste aan de orde geweest. Daarnaast is de betekenis van functiewoorden vaak moeilijk los te koppelen van de context en is het dus weinig zinvol ze apart in een lijst op te nemen. De woorden uit blok E zijn noch in de woordenlijst onder F, noch in het register opgenomen.

De indeling in blokken is ook in het oefenboek doorgevoerd. De oefeningen onder A hebben betrekking op de stof die in blok A van het tekstboek is aangeboden, enzovoort. In de docentenhandleiding is de indeling in blokken eveneens aangehouden. In hoofdstuk 4 zijn de aanwijzingen voor de behandeling van een les per blok ingedeeld.

Teksten

Uitgaande van de thema's zijn een aantal taalgebruikssituaties geselecteerd. In het algemeen zijn twee of meer mensen in deze situaties met elkaar in gesprek. Deze gesprekken zijn op de cassette ingesproken en vormen daarmee de luisterteksten van de leergang. De titels van deze teksten geven steeds de situatie aan waarin de gesprekken plaatsvinden, zoals 'In een café', 'Op het station' of 'Bij een lezing'. Dit is de reden dat in de inhoudsopgave één categorie 'Teksten/situaties' is opgenomen. Naast de luisterteksten bevat elke les een aantal leesteksten. De term 'tekst' slaat dus in *Code Nederlands* zowel op een luister- als op een leestekst. We hebben ernaar gestreefd om de cursisten een rijk geschakeerd aanbod van teksten te presenteren. In deel 1 zijn in totaal 125 teksten opgenomen, waarvan 75 luister- en 50 leesteksten. Ruim driekwart van de luisterteksten bestaat uit dialogen (een onderonsje in een café, een telefoongesprek, een interview, enzovoort), de rest uit monologen of uit gesprekken waaraan door meer dan twee sprekers wordt deelgenomen. Daarbij variëren de relaties die tussen de gesprekspartners bestaan: soms is er sprake van een gelijkwaardige relatie, zoals tussen vrienden, collega's of medecursisten; elders is dat niet het geval, bijvoorbeeld tussen een direkteur en een werknemer, tussen een voorzitter en een lid van de vergadering of tussen een trampassagier en een controleur. De graad van vertrouwdheid die tussen de sprekers bestaat, verschilt eveneens, variërend van een informeel gesprek tussen vrienden tot een formeel contact tussen een lokettist en een cliënt of tussen een journalist en een politicus. Daarnaast vinden we het belangrijk dat de cursist met verschillende varianten van het Nederlands geconfronteerd wordt. Sommige teksten zijn daarom ingesproken met een accent zoals dat in verschillende regio's van Nederland en Vlaanderen te horen is.

De cursist krijgt eveneens een aantal uiteenlopende leesteksten voorgelegd. Vaak zijn deze informatief van aard, bijvoorbeeld als het gaat om een tekst waarin informatie over internationaal telefoneren wordt verstrekt, bij de aankondiging van een bijeenkomst over migranten en media of in een tabel met uitslagen van de Tweede-Kamerverkiezingen. Andere teksten zijn meer verhalend, zoals prozastukjes over verschil in smaak of over de ziekte van een bekende voetballer. Daarnaast zijn er teksten opgenomen die een wervend karakter dragen (folders, advertenties) of die diverterend van aard zijn (een gedicht, een strip).

Kaders

In de kaders die volgen op de teksten, wordt aandacht besteed aan functies, noties en grammaticale verschijnselen die in de teksten naar voren zijn gekomen. De volgorde die daarbij wordt aangehouden is: eerst functies, dan noties en daarna grammatica. De kaders met functies zijn gerasterd, die met noties en grammatica niet. De onderwerpen die in de kaders worden gepresenteerd, worden zoveel mogelijk geïllustreerd met behulp van voorbeeldzinnen uit de lees- en luisterteksten.

Oefeningen

De verwerking van de stof die in het tekstboek wordt aangeboden, kan door middel van de oefeningen uit het oefenboek gebeuren. Bij de teksten zijn begripsoefeningen opgenomen. Daarnaast wordt de cursist geoefend in het verstaan van woorden uit de tekst en in het herkennen van woordaccent, zinsaccent en intonatiepatronen. De verwerking van de aangeboden functies, noties en grammatica vindt zowel receptief als produktief plaats. Receptieve oefening gaat daarbij vooraf aan produktieve oefening van een bepaald onderdeel. Naast enkele, in iedere les terugkerende oefentypes, is gekozen voor verwerking van de leerstof door middel van gevarieerde oefenvormen. Deze oefenvormen worden in de volgende hoofdstukken nader toegelicht.

Naast de oefeningen uit het oefenboek zijn in hoofdstuk 4 van deze handleiding een aantal suggesties voor verwerking opgenomen. Bij deze 'Lessuggesties' gaat het vaak om mondelinge oefeningen.

De luister- en uitspraakoefeningen die op een aparte cassette staan, zijn niet aan een bepaalde les gekoppeld. Afhankelijk van de problemen van de cursist met de herkenning en uitspraak van de klanken van het Nederlands kan uit deze oefeningen een selectie worden gemaakt. De oefeningen worden in hoofdstuk 5 van deze handleiding beschreven.

2.3   Tijdsduur

Op basis van de ervaringen die met het uitproberen van het materiaal aan verschillende groepen en instellingen zijn opgedaan, kan worden gesteld dat de behandeling en verwerking van een blok minstens twee lesuren kost (anderhalf klokuur). Per leseenheid betekent dat acht à tien lesuren (zes à acht klokuren) en voor het doorlopen van het gehele eerste deel 128 tot 160 lesuren (100 à 120 klokuren). Voor langzame leerders liggen deze getallen waarschijnlijk hoger. In totaal zal een cursist dus zo'n 250 tot 300 lesuren in *Code Nederlands* moeten investeren om de gestelde doelstellingen te behalen. Deze cijfers corresponderen redelijk met de programmaduur die wordt aangegeven door de eerder aangehaalde Programmacommissie. Deze commissie schat dat een snelle leerder 200 lesuren nodig heeft om te voldoen aan de doelstellingen van het basisniveau en een langzame leerder 400.

Elke les heeft een aantal vaste en enkele vrije onderdelen. Sommige tekstsoorten (het gesprek bijvoorbeeld) komen in iedere les voor, andere zijn specifiek voor een les (bijvoorbeeld een prijslijst van een stomerij). Dit geldt ook voor de oefeningen. Begripsoefeningen in de vorm van 'waar/niet waar-vragen' komen regelmatig voor, terwijl er ook oefeningen zijn met een specifieke instructie, zoals 'onderstreep de vormen van de voltooide tijd in een tekst'. De kaders, waarin de nieuwe functies, noties en grammatica schematisch worden weergegeven vormen ook een vast onderdeel van ieder lesblok.

In dit hoofdstuk worden alle onderdelen van het tekstboek die regelmatig voorkomen beschreven. Bij de beschrijving van de lessen (hoofdstuk 4) is voor de werkwijze van deze onderdelen een verwijzing opgenomen naar de pagina waarop ze worden besproken.

De werkwijze van teksten met een specifiek karakter wordt bij de beschrijvingen van de lessen (hoofdstuk 4) afzonderlijk gegeven. Daar worden ook de oefeningen beschreven. Bij oefeningen die regelmatig voorkomen wordt voor de werkwijze steeds verwezen naar de plaats waar de oefening is beschreven (de eerste keer dat zo'n oefening voorkomt).

3.1   Teksten

3.1.1   Luisterteksten

Iedere les bevat een of meer **gesprekken**. Dit kan een dialoog zijn of een gesprek waaraan meer dan twee personen deelnemen. Een bijzondere vorm van dialoog is het interview. In sommige interviews heeft iedere gesprekspartner gelijke inbreng, bij andere gaat het om een vrij korte vraag met een lang antwoord. In het laatste geval is er nooit een gepauzeerde versie van de tekst opgenomen. Voor het overige wijkt de werkwijze van het interview niet af van die van het gesprek. Bij de behandeling van een gesprek kunt u als volgt te werk gaan:

- Geef eerst een korte introductie bij het gesprek. Leg uit wat de titel betekent en schets de situatie: Waar speelt het gesprek zich af? Wie zijn de personen: zijn ze oud of jong, zijn het mannen of vrouwen en welke relatie hebben ze met elkaar? Is de stijl formeel of informeel? Verklaar de namen; het systeem van naamgeving is in veel culturen anders dan bij ons, zodat het voor buitenlanders niet altijd duidelijk is wat voor- en achternaam is en dat 'Kees' een man is bijvoorbeeld. Als er namen van 'bekende' personen in voorkomen licht die dan toe. Ook plaatsnamen kunt u het beste van te voren even uitleggen. (Appendix 1 bevat een kaart van Nederland). Licht cultureel bepaalde begrippen nader toe: Wat is bijvoorbeeld een boekenclub? Suggesties voor de introductie worden per tekst bij de beschrijving van de lessen gegeven.
- Laat de ongepauzeerde versie van het gesprek horen. De cursisten kunnen de tekst meelezen, maar u kunt ze ook alleen laten luisteren. De bedoeling is dat ze een globaal begrip van de tekst krijgen. U kunt eventueel de tekst twee keer laten horen.
Als u de cursisten van te voren (thuis) alvast moeilijke woorden laat opzoeken, scheelt dit veel tijd bij de behandeling.
- Laat de begripsoefening bij het gesprek maken. De cursisten moeten eerst de vragen lezen. Ga na of ze de vragen begrijpen en of ze vertrouwd zijn met het type vragen. Laat de ongepauzeerde versie van het gesprek nog een

keer horen. De cursisten moeten al luisterend de vragen beantwoorden. Daarna kunnen de vragen klassikaal worden besproken.

- Om de cursisten inzicht te geven in de verschillen tussen schrijfwijze en uitspraak, kunt u ze eventueel de tekst nog eens laten horen terwijl ze die meelezen. Wijs vooraf op een aantal verschillen.
- Bespreek de tekst zin voor zin. Ga na of de betekenis duidelijk is. U kunt het beste vragen 'Wat betekent ...?' Als u vraagt 'Zijn er vragen?' of 'Is dat duidelijk?' is er een kans dat u altijd een bevestigend antwoord krijgt. Niet iedere cursist is eraan gewend om te laten merken dat hij/zij iets niet begrepen heeft.

Het kan zijn dat cursisten gedetailleerde informatie willen hebben over een grammaticaal onderwerp dat niet in de behandelde les aan de orde komt, maar wel in de tekst voorkomt. Ga (althans tijdens de klassikale behandeling) niet uitvoerig op zulke vragen in. De cursisten moeten eraan wennen dat grammatica niet het belangrijkste 'teaching point' van de les is, maar dat het in de eerste plaats gaat om de functies. De grammaticale onderwerpen die in de les in een kader worden aangeboden, kunt u wel bespreken.

- Wijs de cursisten op de verschillende taalfuncties. U kunt nu de kaders waarin de functies staan, bespreken; dit kan echter ook later.
- Als het hele blok uit het tekstboek behandeld is (tekst(en), functies, noties, grammatica) en alle oefeningen zijn gedaan, dan kunt u de invuloefening van het gesprek laten doen (als er een invuloefening is). In deze oefening moeten open plekken in de tekst ingevuld worden door te luisteren naar de cassette. Als u een talenpracticum tot uw beschikking hebt, kunt u de tekst overspelen op de cursistencassettes. De cursisten kunnen dan net zo vaak luisteren naar (een fragment van) de tekst als ze willen. Deze oefening wordt ook beschreven in les 1.
- Van een aantal gesprekken is ook een gepauzeerde versie op de cassette opgenomen. Als u een talenpracticum hebt, kunt u als laatste onderdeel van een blok de cursisten met de gepauzeerde versie van de luistertekst laten werken. In de pauzes moeten de voorgaande zinnen herhaald worden. Laat ze dit doen met de tekst voor zich, maar zonder mee te lezen. De cursisten kunnen de tekst bedekken met een papiertje en dat opschuiven, zodat ze steeds de regel die ze herhaald hebben, kunnen zien. Op deze manier kunnen ze controleren of ze de zin goed hebben herhaald. Adviseer ze om altijd ten minste één keer terug te spoelen en naar hun eigen stem te luisteren. Ze moeten proberen de verschillen te horen tussen wat zij nagezegd hebben en de originele zin. U kunt van te voren aangeven op welke uitspraakproblemen de cursisten in het bijzonder moeten letten bij het vergelijken van hun reproduktie met het origineel. Hierna kunt u het gesprek nog een keer laten naspreken, maar nu zonder tekst.

Het talenpracticum moet in eerste instantie gezien worden als een middel voor de training van versta-vaardigheid (woordherkenning in losse woorden en verbonden spraak, herkennen van intonatiepatronen en woordaccenten), niet zozeer als middel voor de oefening van spreekvaardigheid of uitspraak (althans niet zonder feedback van de leerkracht). In deze leergang wordt aan het talenpracticum dan ook een beperkte rol toegekend.

Enkele luisterteksten zijn gebaseerd op stukken tekst in niet-interactieve situaties. Daar gaat het dus niet om een gesprek, maar om een **monoloog**. In les 11 bijvoorbeeld geven verschillende mensen hun mening over politiek, in les 10 komt een gedeelte uit de radionieuwsdienst voor. Soms worden hierbij specifieke opdrachten gegeven, die betrekking hebben op globaal of gericht luisteren (zie hoofdstuk 4). Als dat niet zo is, kunt u de werkwijze van het gesprek volgen.

3.1.2 Leesteksten

Code Nederlands bevat verschillende soorten leesteksten. Aanvankelijk zijn de leesteksten kort en vooral bedoeld om **woordenschat** die bij de basisstof van de les hoort, aan te bieden. Soms wordt in deze teksten informatie gegeven over Nederlandse gewoonten en gebruiken met betrekking tot het thema van de les. Deze teksten kunt u als volgt behandelen:

- Geef eerst een introductie bij de tekst (zie onder werkwijze 'gesprek'), waarin u de nodige voorinformatie geeft. U kunt hierbij steeds vragen wat de cursisten al weten over het onderwerp. Zo activeert u de voorkennis, wat kan helpen bij het begrijpen van de tekst en kunt u misverstanden tengevolge van 'culturele bias' in de tekst voor een deel voorkomen.
- Laat de cursisten de tekst globaal lezen en stel daarna vragen als 'Waar gaat de tekst over?' of 'Wat is het belangrijkste onderwerp van de tekst?'
- Laat de begripsoefening bij de tekst maken. De cursisten kunnen zonodig een woordenboek gebruiken. U kunt ze ook vragen laten stellen aan uzelf over moeilijke passages of woorden die ze niet kennen.
- Behandel nu de tekst in detail. Vraag welke woorden/uitdrukkingen niet begrepen worden en welke constructies onduidelijk zijn. Leer de cursisten altijd eerst te proberen de betekenis van woorden af te leiden of te raden met behulp van de context. Adviseer ze pas als dit niet lukt de betekenis van woorden op te zoeken in een woordenboek.
- Als er nieuwe functies, noties en/of grammatica aangeboden worden in de tekst kunt u die tegelijkertijd behandelen. U kunt dit ook later doen, aan de hand van de kaders.
- Eventueel kunt u discussievragen opstellen en nog wat praten over de inhoud van de tekst (dit hangt uiteraard af van het niveau van de groep).

Er zijn ook teksten waarbij het erom gaat dat er snel **informatie opgezocht** wordt, zoals advertenties, folders, de inhoudsopgave van een krant, het rooster van een cursus, een dienstregeling van een busdienst en dergelijke. Bij dit soort teksten kunt u iets anders te werk gaan dan bij de bovengenoemde teksten.

- Laat de cursisten eerst even kijken naar de tekst: Wat voor soort tekst is het? Wat is de bron? Voor wie is de tekst geschreven?
- Daarna moet u de vragen laten lezen en beantwoorden. Geef hiervoor, als u de tekst klassikaal behandelt, een beperkte hoeveelheid tijd, zodat de cursisten leren snel de plaats op te zoeken in de tekst waar het antwoord staat.
- Wijs de cursisten erop dat ze de tekst niet van A tot Z moeten lezen, maar alleen die gedeelten die nodig zijn voor het beantwoorden van de vraag.

Ten slotte zijn er leesteksten die als **verstrooiing** kunnen worden gelezen, bijvoorbeeld een gedicht, een strip. De cursisten moeten deze teksten zelf lezen. Ze kunnen woorden opzoeken als ze dat nodig vinden.

3.2   Kaders

Na de lees- of luistertekst(en) aan het begin van een blok volgen de kaders. Hierin zijn de nieuwe functies, noties en grammatica beknopt weergegeven. De volgorde is altijd: eerst de kaders met functies, dan de kaders met noties, dan de grammaticale kaders. Kaders met noties (algemene en specifieke begrippen) komen niet zo veel voor. De meeste begrippen worden gerealiseerd door woorden en uitdrukkingen. Deze komen in de woordenlijst aan het eind van een les.

De kaders zijn bedoeld als overzicht ter ondersteuning van de behandeling. Ook is de betreffende informatie makkelijk op te zoeken. De functionele, notionele of grammaticale items worden in een kader zoveel mogelijk behandeld aan de hand van voorbeelden. De voorbeelden zijn ontleend aan de teksten van de betreffende les die eraan voorafgaan en ze zijn meestal weergegeven in de vorm van een stimulus en een reactie.

Functies

U kunt de volgende toelichting bij een kader waarin functies worden behandeld, geven.

- Leg uit wat de betekenis van de verschillende varianten is.
Bijvoorbeeld het verschil tussen 'Goed', 'Het gaat wel', 'Uitstekend'.
Soms kunt u een reeks maken, zoals in dit voorbeeld:
Uitstekend - goed - het gaat wel.
- Leg uit wat het verschil in gebruik is. Dit is niet altijd makkelijk. Het verschil tussen 'Hoe maakt u het?' en 'Hoe gaat het ermee' is duidelijk en heeft te maken met het onderscheid tussen formeel en informeel. Maar het verschil tussen 'Geen idee' en 'Ik weet het niet' ligt al wat moeilijker. Soms zijn meerdere varianten van een functie uitwisselbaar in gebruik, bijvoorbeeld 'Geef maar pils' en 'Doe maar pils'. Bij de bespreking van de afzonderlijke lessen (hoofdstuk 4) worden aanwijzingen gegeven over het gebruik van de verschillende varianten van een functie.
- Laat na de bespreking van de functies de oefeningen over functies maken. Houd daarbij de volgorde van de oefeningen aan: eerst de receptieve, dan de produktieve.

Begrippen

Zoals gezegd zijn er maar weinig kaders waarin algemene of specifieke begrippen (noties) worden gegeven. Deze kaders hebben vaak het karakter van een lijst die de cursisten kunnen gebruiken voor opzoekdoeleinden (bijvoorbeeld dagen, maanden, getallen). U kunt deze kaders doornemen met de cursisten om te kijken of ze begrijpen wat er staat. Soms zijn er verschillen met de manier waarop de cursisten in de moedertaal dit soort dingen hebben geleerd (bijvoorbeeld het geldstelsel, maten en gewichten). Bespreek deze verschillen.
Er zijn ook andere kaders (bijvoorbeeld het kader over de klok). Deze kaders kunnen net zo behandeld worden als de kaders over functies.

Grammatica

In de grammaticale kaders wordt alleen die grammatica gegeven die voorkomt in de eraan voorafgaande tekst(en) van het betreffende blok. U kunt de grammatica tijdens de bespreking van de tekst behandelen; het kan ook later. U kunt dit als volgt doen:

- Werk zoveel mogelijk vanuit de voorbeelden. Schrijf voorbeelden op het bord en formuleer van daaruit de regel. Analogiewerking is belangrijker dan regels in grammaticaal jargon.

- Niet alle regels worden expliciet gegeven in de kaders. Bij de beschrijving van de afzonderlijke lessen wordt aangegeven hoe u het kader kunt toelichten. Voor het overige verwijzen we u naar *Nederlandse Grammatica voor Anderstaligen* (Fontein en Pescher-ter Meer, 1985). Deze grammatica kunt u gebruiken als achtergrondinformatie voor uzelf. Geef dus niet alle regels en uitzonderingen door aan de cursisten. Besteed de tijd in de les liever aan toepassen dan aan theorie.
- Beperk u tot die grammaticale onderwerpen die in de kaders voorkomen.
- Laat de oefeningen over het grammaticale onderwerp maken. Bij sommige onderwerpen (bijvoorbeeld het wederkerend voornaamwoord) zijn geen oefeningen gemaakt.

3.3   Woordenlijsten

De woordenlijsten aan het eind van iedere les in het tekstboek bevatten alle nieuwe woorden van die les. Alleen de inhoudswoorden zijn gegeven (werkwoorden, zelfstandige naamwoorden, bijvoeglijke naamwoorden en bijwoorden).

U kunt de cursisten erop wijzen dat ze de woorden uit de woordenlijst moeten kennen. Gewoon woordjes leren! U zult misschien merken dat veel anderstalige cursisten hier minder gek tegenaan kijken dan we in Nederland lange tijd hebben gedaan.

Adviseer uw cursisten vanaf het begin systematisch te werken aan de verwerving van de woordenschat. Een goed middel om woorden te leren is het aanleggen van een eigen woordenboek. U kunt de cursisten vragen een alfabetschrift te kopen en ze opdragen hier de nieuwe woorden in te zetten. Laat ze links het Nederlandse woord zetten (met een streep onder de lettergreep met het woordaccent), rechts alle informatie erover: bij zelfstandige naamwoorden het lidwoord en de meervoudsvorm; bij werkwoorden de tijden; verder één of meer voorbeeldzinnen, bijvoorbeeld uit het tekstboek, zodat het woord in een context geplaatst is. De cursist kan eventueel een vertaling van het woord toevoegen.

3.4   Oefeningen

Vanwege het grote aantal verschillende oefenvormen worden de beschrijvingen van de oefeningen bij de afzonderlijke lesbesprekingen gegeven (hoofdstuk 4). Daar zijn van iedere oefening doel en werkwijze aangegeven. We hebben de oefeningen over één bepaald onderwerp (een functie bijvoorbeeld) geprobeerd in te delen van receptief naar produktief. Niet van iedere oefening echter kan gezegd worden of het een receptieve dan wel een produktieve oefening is. Vragen waarop bijvoorbeeld een open antwoord gegeven moet worden, kunnen min of meer receptief zijn als het gaat om het begrip van de vraag: 'Wat is je naam?' Het antwoord vereist in dit geval nauwelijks produktie. Je hoeft alleen je naam te kunnen zeggen. Een vraag als 'Waarom stemt Tineke op Groen Links?' echter vraagt meer van de produktieve vaardigheden. Of een oefening receptief of produktief is, hangt dus niet alleen af van de oefenvorm, maar ook van de inhoud. Daarnaast is het doel van de oefening belangrijk. Als u de cursisten wilt oefenen in het spellen, kunt u ze bijvoorbeeld een invuloefening geven, waar ze woorden moeten invullen. Dezelfde oefening kan ook gebruikt worden als woordenschatoefening, waarbij u alleen let op de inhoud en niet op de vorm. Bij de begrippen receptief en produktief gaat het dus meer om een glijdende schaal met aan het ene uiterste zuiver receptieve oefeningen, zoals bijvoorbeeld een meerkeuze-oefening over het begrip van een leestekst en aan de andere kant produktieve oefeningen als: 'Geef een beschrijving van

...' Daartussenin zitten veel oefeningen die zowel produktief als receptief uitgevoerd kunnen worden.

Hoewel doel en werkwijze bij iedere oefening zijn aangegeven, betekent dat niet dat u de oefening alleen op de aangegeven wijze kunt laten doen. De meeste oefeningen kunnen verschillende keren gedaan worden, met verschillende doelen: schriftelijk of mondeling, aandacht voor de vorm of voor de inhoud, individueel of in groepjes. Een oefening als 'Kies de goede reactie' bijvoorbeeld, waar een stimulus wordt gegeven en de cursisten als reactie een van drie mogelijkheden moeten kiezen, kan op minstens drie manieren gedaan worden: 1) individueel, de cursist kruist de juiste reactie aan; 2) individueel, de cursist schrijft de zinsparen onder elkaar op; 3) twee aan twee, de ene cursist noemt de stimulus, de andere geeft een reactie.

De wijze van beoordelen en corrigeren hangt samen met het doel dat u voor ogen hebt. Als het u bij schriftelijke oefeningen bijvoorbeeld gaat om inhoud/begrip dan zult u vormfouten (spelling, woordvolgorde bijvoorbeeld) niet of minder zwaar moeten laten tellen dan wanneer u de spelling wilt oefenen.

Alle oefeningen kunnen tijdens de les gedaan worden. De meeste oefeningen kunnen echter ook als huiswerk worden opgegeven. U kunt ook de oefeningen mondeling in de les laten doen en schriftelijk als huiswerk opgeven.

Veel oefeningen kunnen in groepjes gedaan worden. U kunt ook een oefening eerst individueel laten maken en daarna de cursisten vragen de antwoorden te vergelijken met die van een medecursist.

In sommige lessen staan oefeningen over intonatie en accent. Luister- en uitspraakoefeningen staan in hoofdstuk 5.

Hieronder volgt de beschrijving van de les-onderdelen uit het tekst- en oefenboek. Tevens zijn lessuggesties opgenomen. Het betreft hier vaak suggesties voor mondelinge oefeningen. De les-onderdelen worden beschreven in de volgorde waaarin u ze het best kunt behandelen.

4.1   LES 1:   HOE HEET U?

Introductie
Voor de eerste les is als thema gekozen: personalia. De functies die daarbij aan de orde komen zijn 'zich voorstellen', 'vragen naar een naam en reactie' en 'vragen naar een adres en reactie'. De volgende begrippen zijn hieraan gekoppeld: naam, adres, telefoonnummer, geboorteplaats, geboortedatum, geslacht, herkomst en nationaliteit. De functies zijn in verschillende contexten geplaatst: 'zich voorstellen' gebeurt in deze les op een feestje, (tekst 1). In een bar vragen twee jonge mensen elkaar naar de naam; hier worden de functies 'vragen om te spellen' en 'spellen' geïntroduceerd (tekst 2). Deze functies staan ook centraal in tekst 3 (Aan het loket). Uiteraard is het Nederlandse alfabet onontbeerlijk voor het spellen: dat is tekst 4. In tekst 5 (In een café) en 6 (Op een receptie) zijn de functies 'vragen naar een adres en reactie' uitgewerkt. De begrippen die te maken hebben met personalia zijn verder verwerkt in twee formulieren (tekst 8 en 11) en in tekst 10 (Adressen). In tekst 7 (Op de Nederlandse les) vragen buitenlandse cursisten elkaar naar hun herkomst. Ten slotte wordt de functie 'identificeren' nog aangeboden in tekst 9: Monique, Richard, Ahmed en Angela.
De grammaticale onderwerpen van deze les zijn: het persoonlijk voornaamwoord (1e, 2e en 3e persoon enkelvoud), het werkwoord (enkelvoud) en de woordvolgorde in de enkelvoudige zin. Daarnaast worden de belangrijkste hoofdtelwoorden gegeven.

Voorbereiding
In deze eerste les zult u een aantal zaken moeten bespreken die bij latere lessen niet meer aan de orde hoeven te komen. In de eerste plaats zal een korte toelichting bij *Code Nederlands* nodig zijn: Wat staat er in het tekstboek? Wat is de bedoeling van het oefenboek? Welke teksten staan op de cassettes? Vertel globaal de uitgangspunten (taalgebruik in communicatieve situaties: wat zeg je als je een krant wilt kopen, als iemand te snel praat, als je iemand groet, enzovoort) en de opzet (teksten, kaders, woordenlijsten, oefeningen).
In de tweede plaats kunt u de eerste les eventueel enkele opmerkingen maken over de rol van huiswerk, aantekeningen maken en het gebruik van een woordenboek. Vraag of de cursisten een woordenboek hebben. Zo niet, adviseer ze dan er een te kopen. Wijs erop dat een woordenboek een belangrijk hulpmiddel is bij het leren van een taal. U kunt ook de suggestie geven zelf een woordenboek te maken. Hiervoor hebben de cursisten een alfabetschrift nodig, waarin ze nieuwe woorden met een vertaling en voorbeeldzin kunnen opschrijven (zie ook 3.3).
Ten slotte moet in deze les extra aandacht besteed worden aan de instructies (zowel mondeling als schriftelijk) en aan de gehanteerde werkvormen, omdat er misschien cursisten zijn die niet bekend zijn met bepaalde typen oefeningen en werkvormen. Laat de cursisten veel gebruikte instructies,

zoals: luister naar de cassette, pak het tekstboek, neem het oefenboek voor je, kijk op bladzijde 10, enzovoort, opschrijven. Vraag bij elke oefening even of de instructies duidelijk zijn.

A   Tekst 1: Op een feestje

Type	Luistertekst, acht dialoogjes.
Personen	Verschillende.
Relatie	Vrienden, kennissen, onbekenden.
Stijl	Formeel en informeel.
Functies	Zich voorstellen; ja en nee zeggen.
Begrippen	Naam.
Grammatica	Het persoonlijk voornaamwoord: ik, u, je/jij.
Werkwijze	Zie 3.1.1, p. 15.
Opmerkingen	- Wijs de cursisten erop dat 'Op een feestje' in Nederland vaak betekent: mensen die met elkaar staan en zitten te praten en iets drinken. De associatie die de cursisten bij 'feestje' hebben kan wel heel anders zijn.

Opmerkingen (vervolg):

- De manier waarop mensen zich voorstellen in het Nederlands hangt onder andere af van de leeftijd die ze hebben. Wijs de cursisten op de illustraties en laat zien dat het in de 1e, 2e, 3e, 6e en 8e dialoog om twee jongvolwassenen gaat; in de 4e en 5e dialoog zijn het oudere mensen en in de 7e dialoog ontmoeten een jonge man en een oudere vrouw elkaar.

- Van deze tekst staat er geen gepauzeerde versie op de cassette.

Zich voorstellen

Werkwijze	Zie 3.2, p. 18.
Opmerkingen	- Leg aan de hand van voorbeelden uit tekst 1 het verschil uit tussen de begrippen 'formeel' en 'informeel'. Meneer Witteman en mevrouw Andersen zijn wat ouder en kennen elkaar niet: ze spreken elkaar aan met 'u'. Linda en Harry zijn twee tieners: ze zeggen 'je/jij' tegen elkaar. De manier waarop mensen elkaar aanspreken hangt af van de relatie die ze hebben. Jonge mensen of mensen die elkaar goed kennen zullen informeel met elkaar omgaan, mensen die elkaar voor het eerst zien en/of geen gelijkwaardige relatie met elkaar hebben (oud *x* jong, baas *x* werknemer) zullen elkaar formeel aanspreken.

Het kan zijn dat er verschillen zijn wat betreft het onderscheid formeel/informeel tussen het Nederlands en de eigen taal van de cursisten (sommige talen hebben geen onderscheid tussen formeel en informeel in de 2e persoon). Bespreek deze verschillen eventueel.

- Geef de verschillen aan tussen de manieren van zich voorstellen. Zich voorstellen met alleen de achternaam is vrij formeel en afstandelijk. Het meest gebruikelijk is het in Nederland om je voor te stellen met voor- en achternaam (Jos de Beer, Arthur Prins). Aan kinderen/tieners vraag je 'Hoe heet je/jij?' en tegen hen zeg je meestal 'Ik ben Linda (+ achternaam)' of 'Ik heet Linda (+ achternaam)'.

- Vertel dat men elkaar bij het voorstellen in formele situaties in Nederland meestal een hand geeft. In informele situaties wordt geen hand gegeven. Dat is in sommige landen wel heel gebruikelijk.

Ja en nee zeggen

Werkwijze   Geef een toelichting bij de illustratie.

Opmerkingen - De illustratie bij 'ja en nee zeggen' drukt de functie 'bevestigend en ontkennend antwoorden' uit. Vertel dat bij een bevestigend antwoord geknikt kan worden (ook zonder ja te zeggen) en dat bij een ontkennend antwoord het hoofd geschud kan worden (eventueel zonder nee te zeggen). Deze gebaren zijn in andere landen soms volstrekt anders. U kunt hier eventueel naar informeren.

Het persoonlijk voornaamwoord: ik, u, je/jij

Werkwijze   Zie 3.2, p. 18.

Opmerkingen - Leg het verschil in gebruik uit tussen 'u' en 'je/jij'. Dit hangt samen met het verschil tussen 'formeel' en 'informeel'. Als iemand bij de voornaam genoemd wordt, wordt 'je/jij' gebruikt. Bij 'meneer' en 'mevrouw' hoort 'u'. In Nederland wordt 'je/jij' heel veel gebruikt, kinderen bijvoorbeeld zeggen tegen hun ouders over het algemeen je/jij; ook volwassenen spreken elkaar vaak aan met 'je/jij'. Adviseer de cursisten tegen oudere mensen of tegen mensen die ze niet kennen 'u' te zeggen.
- Geef het verschil in gebruik aan tussen 'je' en 'jij'. 'Jij' wordt gebruikt als het nadruk heeft (vaak in tegenstellingen). Geef voorbeelden:

—Hoe heet je?   —Waar woon je?
—Harry. En jij?   —In Utrecht. En jij?

Oefening A1

Doel   Receptieve verwerking van 'zich voorstellen'.

Werkwijze   Kies de goede reactie.
               In de linker kolom staan de stimuli, in de rechter kolom de reacties. Bij iedere stimulus worden meerdere reacties gegeven. Uit de reacties moet de juiste gekozen worden.

Opmerkingen - Deze oefening kan mondeling (twee aan twee) en schriftelijk gedaan worden. U kunt eventueel de minidialoogjes laten uitschrijven.

Lessuggestie

Doel   Produktieve verwerking van 'zich voorstellen'.

Werkwijze   1 Stel uzelf voor aan een cursist (geef daarbij een hand) en laat de cursist reageren.
               2 Laat de cursisten zich daarna aan elkaar voorstellen.
               3 Stel u steeds op een andere manier voor aan verschillende cursisten en laat ze reageren.
               4 Geef de cursisten een rol: meneer Van Zetten, Karin, enzovoort en laat ze zich aan elkaar voorstellen.

B   Tekst 2: In een bar

Type	Luistertekst, dialoog.
Personen	Hendrik-Jan, Anouschka.
Relatie	Onbekenden.
Stijl	Informeel.
Functies	Vragen naar een naam en reactie; vragen om te spellen; spellen.
Begrippen	Naam.
Werkwijze	Zie 3.1.1, p. 15.
Opmerkingen	- Hoewel Hendrik-Jan en Anouschka elkaar niet kennen, spreken ze elkaar aan in een informele stijl, omdat ze allebei jong zijn.
	- Tekst 2, 3 en 4 staan in ongepauzeerde vorm achter elkaar op de cassette. Daarna volgt de gepauzeerde versie van tekst 2 en 3.

Tekst 3: Aan het loket

Type	Luistertekst, dialoog.
Personen	Mevrouw de Jong, Mark Fischer.
Relatie	Dienstverlener en klant.
Stijl	Formeel.
Functies	Vragen naar een naam en reactie; vragen om te spellen; spellen.
Begrippen	Naam.
Werkwijze	Zie 3.1.1, p. 15.

Tekst 4: Het alfabet

Type	Luistertekst.
Werkwijze	Laat de cursisten het alfabet horen en herhalen.
Opmerkingen	- Vraag naar verschillen met het alfabet van de cursisten: Uit hoeveel letters bestaat hun alfabet? Wat zijn de verschillen tussen hun alfabet en het Nederlandse? (vergelijk bijvoorbeeld het Chinees, waar je niet van letters kunt spreken).
	- Wijs op het bestaan van hoofdletters en kleine letters. U kunt eventueel zeggen dat namen (van personen, plaatsen, enzovoort) met een hoofdletter worden geschreven en dat het eerste woord van een zin altijd begint met een hoofdletter.

Lessuggestie

Doel	Produktieve verwerking van het alfabet.
Werkwijze	Laat de cursisten om de beurt een letter van het alfabet zeggen.

Vragen om te spellen en spellen

Werkwijze	Zie 3.2, p. 18.

Vragen naar een naam en reactie

Werkwijze	Zie 3.2, p. 18.
Opmerkingen	- Wijs op het verschil tussen 'u' en 'je'. Overigens kan iemand als men vraagt 'Hoe heet u?' ook antwoorden met de voornaam.
	- 'Wat is uw naam?' is heel formeel en wordt voornamelijk gebruikt in het soort situaties zoals afgebeeld op de illustratie: bij inschrijving voor het een of ander.

- De systemen van naamgeving verschillen nogal per land/cultuur. Probeer eventueel te bespreken hoe de naamgeving gaat in de landen van uw cursisten: Zijn er voor- en achternamen? Hoe worden die namen gegeven? Hebben ze meerdere voor- en achternamen?

Oefening B1

Doel	Receptieve verwerking van 'vragen naar een naam en reactie'.
Werkwijze	Wat hoort bij elkaar?
	In de linkerkolom staan 5 stimuli, in de rechterkolom 5 reacties. De cursisten moeten paren bij elkaar zoeken (bijvoorbeeld 2: Ik heet Oscar. En jij? + C: Anna). Soms zijn er meerdere mogelijkheden. (Een andere mogelijke combinatie met 2 is bijvoorbeeld: E: Ik heet Karin.)
Opmerkingen	- Deze oefening kan schriftelijk of mondeling (twee aan twee) gedaan worden. U kunt eventueel de dialoogjes laten uitschrijven nadat de oefening mondeling is gedaan.

Lessuggestie

Doel	Produktieve verwerking van 'vragen naar een naam en reactie', 'vragen om te spellen' en 'spellen'.
Werkwijze	*1* Vraag de cursisten naar hun naam (voornaam en achternaam).
	2 Vraag ze ook die te spellen.
	3 Schrijf de naam die ze spellen op het bord: zo kunnen ze zien of het goed gespeld is.
	4 Laat deze oefening nu twee aan twee doen: Cursist A vraagt cursist B naar zijn/haar naam, vraagt vervolgens om die te spellen en schrijft de naam op. Dan controleren ze of de naam goed is opgeschreven. Daarna worden de rollen omgedraaid.

Lessuggestie

Doel	Reproduktie van tekst 2: In een bar en tekst 3: Aan het loket.
Werkwijze	Herhaal in de pauze de voorgaande zin. Zie 3.1.1, p. 15.
Opmerkingen	- Het is de bedoeling dat de cursisten de uitingen van alle gesprekspartners herhalen.

C   Tekst 5: In een café

Type	Luistertekst, dialoog.
Personen	Willem, Marjolijn.
Relatie	Onbekenden.
Stijl	Informeel.
Functies	Vragen naar een adres en reactie.
Begrippen	Naam; adres.
Werkwijze	Zie 3.1.1, p. 15.
Opmerkingen	- Tekst 5, 6 en 7 staan achter elkaar op de cassette zonder pauzes; daarna komen de gepauzeerde versies van tekst 5 en 7.
	- Geef aan dat Utrecht en Lelystad plaatsnamen zijn. In Appendix 1 van het tekstboek is een kaart van Nederland afgebeeld waar de plaatsnamen op staan.

Oefening C1

Doel	Begrip van tekst 5: In een café.
Werkwijze	Kies het goede antwoord.
	Er worden vragen gesteld over de tekst. Er zijn meerdere antwoordmogelijkheden gegeven; in dit geval: ja of nee. Het juiste antwoord moet worden gekozen.
Opmerkingen	- Deze oefening kan het best individueel gedaan worden. U kunt de cursisten eventueel vragen hun antwoorden te vergelijken met die van een medecursist.

Tekst 6: Op een receptie

Type	Luistertekst, dialoog.
Personen	Magda de Smet, Ruud Geerts.
Relatie	Onbekenden.
Stijl	Formeel.
Functies	Vragen naar een adres en reactie.
Begrippen	Naam; adres.
Werkwijze	Zie 3.1.1, p. 15.
Opmerkingen	- Laat de cursisten op het kaartje van Appendix 1 zien waar Brussel ligt en vertel dat het de hoofdstad van België is.
	- De personen van tekst 6 spreken met een Vlaams accent. Vertel de cursisten dat men in een gedeelte van België (Vlaanderen) Vlaams spreekt, een variant van het Nederlands.
	- Licht het begrip receptie toe. Vertel dat het een officiële gelegenheid is om mensen te feliciteren. Je kunt een receptie geven als je trouwt, als je 25 jaar bij een bedrijf werkt, enzovoort.
	- Er is geen gepauzeerde versie van deze tekst.

Oefening C2

Doel	Begrip van tekst 6: Op een receptie.
Werkwijze	Kies het goede antwoord. Zie oefening C1.

Tekst 7: Op de Nederlandse les

Type	Luistertekst, dialoog.
Personen	Pamela (vrouw), Aicha (vrouw), Joao (man) en Jamila (vrouw).
Relatie	Cursusgenoten.
Stijl	Informeel.
Functies	Vragen naar herkomst en reactie.
Begrippen	Herkomst.
Werkwijze	Zie 3.1.1, p. 15.

Vragen naar een adres en reactie

Werkwijze	Zie 3.2, p. 18.
Opmerkingen	- Wijs de cursisten op het gebruik van 'in' en 'op'. Geef voorbeelden: in Utrecht op de Meentweg
	in de Fabriekstraat op (nummer) 23
	- Wijs op het bestaan van 'gracht', 'straat', 'weg' en 'laan'. Iemand woont aan/op een gracht, op een weg, in een straat, in een laan. Het gebruik van deze voorzetsels hoeft niet produktief beheerst te worden in dit stadium, wel moeten de cursisten hun eigen adres kunnen zeggen.

Vragen naar herkomst en reactie

Werkwijze   Zie 3.2, p. 18.

Opmerkingen   - Wijs de cursisten op de lijst van nationaliteiten en landen in Appendix 2 van het tekstboek.

- De cursisten moeten kunnen zeggen waar ze vandaan komen en hoe een inwoner (man of vrouw) van hun land heet.

- Wijs erop dat het antwoord op de vraag 'Waar kom je vandaan?' '<u>Uit</u> Marokko enzovoort' is, en niet '<u>van</u> Marokko enzovoort'.

Oefening C3

Doel   Receptieve verwerking van 'vragen naar een adres en reactie' en 'vragen naar herkomst en reactie'.

Werkwijze   Kies de goede reactie. Zie oefening A1.

Woordvolgorde: de enkelvoudige zin

Werkwijze   Zie 3.2, p. 18.

Opmerkingen   - De basisstructuur van de enkelvoudige zin die in *Code Nederlands* wordt aangeboden is: eerste plaats - finiet werkwoord - onderwerp - rest - infiniet werkwoord. Met finiet werkwoord wordt de persoonsvorm bedoeld, het infiniet werkwoord bestaat uit een deelwoord of een infinitief. In deze structuur wordt dus verondersteld dat het onderwerp in de meeste gevallen achter de persoonsvorm komt en niet ervoor. Bij vraagzinnen die met een vraagwoord beginnen, staat op de eerste plaats een vraagwoord, zoals in 'Hoe heet je?' Bij ja/nee-vragen is de eerste plaats als het ware leeg, vergelijk 'Bent u mevrouw Overmeer?' Mededelende zinnen beginnen vaak met een bepaling of lijdend voorwerp, zoals in 'Morgen ga ik naar Utrecht' of 'Dat wil ik wel'. Ook het onderwerp kan naar de eerste plaats verschoven worden: 'Dit is Aicha', 'Ze komt uit Marokko'. In les 3 wordt op de woordvolgorde van de enkelvoudige zin teruggekomen. In les 10 en 11 wordt ingegaan op de volgorde in samengestelde zinnen.

Hoofdtelwoorden

Werkwijze   Zie 3.2, p. 18.

Opmerkingen   - De hooofdtelwoorden hoeven voorlopig alleen maar receptief beheerst te worden. Produktief moeten de cursisten in deze les leren tellen van 1 tot 20. Daarnaast moeten cursisten hun eigen huisnummer, postcode, telefoonnummer en geboortedatum kunnen geven.

- U kunt de getallen receptief oefenen door enkele getallen als dictee te geven en in cijfers te laten opschrijven.

Tekst 8: Naam en adres

Type   Leestekst, formulier.

Begrippen   Naam; adres; telefoon; geboortedatum.

Werkwijze   *1* Lees het formulier voor.

2 Vraag wat de begrippen betekenen.

3 Laat eventueel woorden opzoeken in het woordenboek.

Opmerkingen   - Het systeem van adressen kan in andere culturen anders zijn dan bij ons. Wijs daarom op de hieronder volgende zaken.

- In het Nederlands komt eerst de straat, dan het nummer.

- De postcode bestaat altijd uit 4 cijfers en 2 letters. Je schrijft de letters met hoofdletters.

- Bij de geboortedatum wordt eerst de dag, dan de maand en ten slotte het jaartal gegeven. Laat de cursisten de maand in cijfers weergeven.
- Het netnummer (het nummer van de plaats) heeft altijd een 0. Als je het netnummer zegt, zeg je meestal de tientallen, bijvoorbeeld 058 wordt uitgesproken als nul-achtenvijftig en niet als nul-vijf-acht. Bij het abonneenummer kun je ook de afzonderlijke cijfers noemen, dus 13511 = een-drie-vijf-een-een of honderdvijfendertig-elf of dertien-vijf-elf of een-vijfendertig-elf.

Oefening C4

Doel Produktieve verwerking van 'reactie op vragen naar een naam en adres'.

Werkwijze Vul het formulier in.

Oefening C5

Doel Verstaan van tekst 5: In een café.

Werkwijze Maak de tekst compleet.

1 De cursisten hebben de tekst met gaten voor zich en luisteren naar de cassette. Ze moeten de ontbrekende woorden opschrijven op de open plekken. Er mag meerdere keren naar de tekst geluisterd worden.

2 De ingevulde tekst wordt vergeleken met de integrale tekst in het tekstboek. Fouten worden aangestreept. De cursisten kunnen dit zelf doen. U kunt eventueel langslopen om te kijken hoe deze oefening is gemaakt en hoe het corrigeren gaat.

3 De cursisten luisteren eventueel nog een keer om te proberen de fouten te verbeteren.

Opmerkingen - Spelfouten hoeven niet als fouten te worden gerekend zolang maar duidelijk is om welk woord het gaat. Als de cursisten het woord niet goed hebben verstaan, is het fout.
- U kunt eventueel klassikaal naar moeilijke passages laten luisteren.

Oefening C6

Doel Herkennen van intonatiepatronen.

Werkwijze Let op de intonatie.

De cursisten luisteren naar de cassette en lezen de tekst in het oefenboek mee.

Opmerkingen - Het gaat er in deze oefening om de cursisten gevoelig te maken voor het feit dat de toon nu eens omhoog, dan weer omlaag gaat.
- U kunt de zinnen ook zelf oplezen; dat geeft iets meer tijd om de intonatie te laten doordringen. U moet u er dan wel op letten dat u dit doet met de intonatie die is aangegeven.
- Wijs de cursisten erop dat het gaat om de intonatie en niet om de betekenis van de zin.
- Leg uit hoe de intonatiepatronen in elkaar zitten: —— betekent dat de toonhoogte gelijk blijft; bij / gaat de toon omhoog en bij \ omlaag.

Oefening C7

Doel Verstaan van tekst 7: Op de Nederlandse les.

Werkwijze Maak de tekst compleet. Zie oefening C5.

Oefening C8

Doel	Verwerking van woordvolgorde.
Werkwijze	Maak zinnen.
	De cursisten moeten correcte zinnen maken door uit ieder blokje een zinsdeel te kiezen. De zinnen moeten worden opgeschreven.
Opmerkingen	- Deze oefening is bedoeld als een schriftelijke oefening.

Oefening C9

Doel	Produktieve verwerking van 'vragen naar een naam', 'vragen naar een adres' en 'vragen naar herkomst'.
Werkwijze	Beantwoord de vragen.
Opmerkingen	- Deze oefening kan mondeling gedaan worden (twee aan twee) en/of schriftelijk.
	- Het gaat er in deze oefening niet om dat de cursisten in uitgebreide zinnen antwoorden. Ieder adequaat antwoord is goed. Op een vraag als: Woon je in Marokko? bijvoorbeeld zijn 'ja' en 'nee' goede antwoorden.

Lessuggestie

Doel	Reproduktie van tekst 5: In een café en tekst 7: Op de Nederlandse les.
Werkwijze	Herhaal in de pauze de voorgaande zin. Zie 3.1.1, p. 15.
Opmerkingen	- Alle zinnen moeten worden herhaald.

D   Tekst 9: Monique, Richard, Ahmed en Angela

Type	Leestekst.
Functies	Identificeren.
Begrippen	Naam; adres; herkomst; beroep.
Grammatica	Het persoonlijk voornaamwoord: hij, ze/zij.
Werkwijze	Zie 3.1.2, p. 17.
Opmerkingen	- Wijs de plaatsnamen aan op het kaartje van Appendix 1 in het tekstboek.
	- Vertel dat Monique in deze tekst de centrale figuur is.

Oefening D1

Doel	Begrip van tekst 9: Monique, Richard, Ahmed en Angela.
Werkwijze	Kies het goede woord.
	Bij de foto's zijn enkele beweringen geplaatst over de personen uit tekst 9. Hierin moeten de cursisten uit twee woorden het juiste kiezen: dat wat klopt met de tekst.

Identificeren

Werkwijze	Zie 3.2, p. 18.
Opmerkingen	- Zowel 'Dit is ...' en 'Dat is ...' kunnen gebruikt worden om te identificeren. Het is niet perse zo dat 'dit' gebruikt wordt voor iemand/iets die dichtbij is en 'dat' voor iemand/iets verweg. 'Dat' wordt vaker gebruikt.
	- Als het om twee personen of dingen gaat, wordt eerst 'dit is ...' en daarna 'dat is ...' gebruikt.

Het persoonlijk voornaamwoord: hij, ze/zij

Werkwijze   Zie 3.2, p. 18.

Opmerkingen   - Vertel dat 'hij' verwijst naar een man en 'ze/zij' naar een vrouw.

- Wijs op het verschil tussen 'ze' en 'zij'. 'Zij' wordt gebruikt als het nadruk heeft, bijvoorbeeld in een tegenstelling: Hij is student. En zij?

Oefening D2

Doel   Receptieve verwerking van het persoonlijk voornaamwoord: hij, ze/zij.

Werkwijze   Kies 'hij' of 'zij'.

Bij foto's staan beweringen over de afgebeelde personen (Richard en Angela uit tekst 9). De cursisten moeten kiezen tussen 'hij' en 'zij', al naar gelang de bewering slaat op Richard of Angela.

Opmerkingen   - Om de vragen te kunnen beantwoorden hebben de cursisten tekst 9 nodig.

Het werkwoord enkelvoud

Werkwijze   Zie 3.2, p. 18.

Opmerkingen   - Vertel dat 'werken', 'wonen' en 'heten' regelmatige werkwoorden zijn en dat 'zijn' onregelmatig is.

- Geef eventueel de regels voor de vorming van het enkelvoud: 1e persoon: stam + 0, 2e en 3e persoon: stam + t. Leg het begrip stam uit: de infinitief min -(e)n.

- Wijs op het feit dat bij de 2e persoon enkelvoud de -t verdwijnt als 'je/jij' achter het werkwoord staat.

Oefening D3

Doel   Produktieve verwerking van 'identificeren'.

Werkwijze   Maak de tekst compleet.

De cursisten moeten de zinnen schriftelijk aanvullen.

Lessuggestie

Doel   Produktieve verwerking van begrippen en functies uit les 1.

Werkwijze   Beantwoord de vragen.

Stel vragen aan de cursisten, zoals Hoe heet u? Woont u in Amsterdam? Komt u uit Marokko? Werkt u in Brussel? Is dat Monique? Komt ze uit Turkije? Woont ze in Gent? enzovoort.

Tekst 10: Adressen

Type   Leestekst, adressen.

Begrippen   Naam; adres.

Werkwijze   Lees de adressen voor, terwijl de cursisten meelezen.

Opmerkingen   - Vertel dat 112-III betekent '112 drie hoog'.

- Laat de cursisten daarna eventueel om de beurt de adressen oplezen.

Lessuggestie

Doel   Produktieve verwerking van 'naam en adres', 'herkomst', 'spellen', enzovoort.

Werkwijze   Beantwoord de vragen.

Stel vragen aan de cursisten, zoals: Hoe heet u? En hoe heet zij? Waar woont u? In welke straat? Op welk nummer? Wat is uw telefoonnummer? Wat is uw postcode? Waar komt u vandaan? En zij, waar komt zij vandaan? Wie is dat? Waar komt x vandaan? In welke straat woont x? Wat is het telefoonnummer van z? enzovoort.

E

Tekst 11: Een formulier

Type   Leestekst, formulier.

Werkwijze   Lees de tekst.

Opmerkingen   - Laat de cursisten de woorden die ze niet kennen opzoeken in een woordenboek. Hierbij zullen zich misschien problemen voordoen als: waar zoek je ongehuwd op? U kunt hier op ingaan en wat meer informatie over woordenboeken geven.

Oefening E1

Doel   Verwerking van begrippen uit deze les.

Werkwijze   Vul het formulier in.

Introductie

In deze les worden de functies 'vragen iets samen te doen' en 'uitnodigen' geïntroduceerd, alsmede de mogelijke reacties daarop: 'positief reageren', 'negatief reageren' en 'weifelen'. Met deze functies hangen begrippen samen als uitnodigen, afspraak, bioscoop, schouwburg, opera en concert. Deze begrippen komen in deze les aan de orde. Het thema van de les is: uitgaan. Dit thema is uitgewerkt in een aantal korte luisterteksten: tekst 5: (In de stad), tekst 6 (Op de markt), tekst 7 (In de kantine), tekst 8 (Bij Wendy), tekst 9 (Bij Stephan en Lucy), tekst 10 (Bij Hélène en Jacques) en tekst 11 (Bij Maria). Verder is er nog een collage over uitgaan (tekst 13). Tekst 12 bevat de begrippen dagen, maanden en seizoenen.

De les begint met de functies: 'groeten en teruggroeten' en 'vragen hoe het met iemand gaat'. Van deze functies worden verschillende varianten aangeboden in de eerste vier teksten. Ook 'afscheid nemen' komt in deze les aan de orde.

Bij de functies 'vragen iets samen te doen' en 'uitnodigen' komen de werkwoorden 'hebben', 'gaan' en 'zullen' regelmatig voor, evenals vraagwoorden. Deze grammaticale onderwerpen worden dan ook behandeld in deze les, naast de ontkenning (niet) en het lidwoord.

Voorbereiding

Groeten is vaak een van de eerste dingen die je leert in een vreemde taal. U kunt de cursisten vragen of ze al enkele groeten kennen in het Nederlands. Informeer eventueel ook naar de manier van groeten in hun land: met gebaren, kussen, zwaaien? In sommige landen is groeten een uitgebreide ceremonie die niet te vergelijken is met het vluchtige 'dag' of 'hallo' wat in Nederland gebruikelijk is.

A   **Tekst 1: In het park**

Type	Luistertekst, dialoog.
Personen	Meneer Klein, mevrouw Van Dale.
Relatie	Kennissen.
Stijl	Formeel.
Functies	Groeten en teruggroeten; vragen hoe het met iemand gaat en reactie.
Werkwijze	Zie 3.1.1, p. 15.
Opmerkingen	- De teksten 1 t/m 4 staan achter elkaar op de cassette. Daarna volgen de gepauzeerde versies van tekst 1, 3 en 4.

Tekst 2: Op het werk

Type	Luistertekst, dialoog.
Personen	Meneer Vandenputte, mevrouw Vandijke.
Relatie	Zakelijk.
Stijl	Formeel.
Functies	Groeten en teruggroeten; vragen hoe het met iemand gaat en reactie.
Werkwijze	Zie 3.1.1, p. 15.
Opmerkingen	- Deze tekst is ingesproken door personen met een Vlaams accent.

Tekst 3: Op straat

Type	Luistertekst, dialoog.
Personen	Meneer Potter, Edwin.
Relatie	Buren.
Stijl	Formeel en informeel.
Functies	Groeten en teruggroeten; vragen hoe het met iemand gaat en reactie.
Werkwijze	Zie 3.1.1, p. 15.
Opmerkingen	- Herhaal de opmerkingen die in les 1 gemaakt zijn over het onderscheid tussen 'formeel' en 'informeel'. Wijs de cursisten erop dat Edwin meneer Potter aanspreekt met 'u' omdat die veel ouder is dan hij. Meneer Potter tutoyeert Edwin, want die is jonger.

Tekst 4: Op school

Type	Luistertekst, dialoog.
Personen	Paul, John.
Relatie	Vriendschappelijk.
Stijl	Informeel.
Functies	Groeten en teruggroeten; vragen hoe het met iemand gaat en reactie.
Werkwijze	Zie 3.1.1, p. 15.

Groeten en teruggroeten

Werkwijze	Zie 3.2, p. 18.
Opmerkingen	- 'Dag' is de meest gebruikte, meest neutrale groet.
	- 'Goedemorgen' kun je 's morgens van 6-12 zeggen, 'goedemiddag' van 12-6 en 'goedenavond' van 6-12 's avonds.
	- In Nederland is het niet zo gebruikelijk om handen te geven als je iemand groet die je regelmatig ziet. In veel andere landen is dat wel zo. In sommige landen gaat iedere groet vergezeld van een handdruk of handgebaar.
	- Vraag de cursisten of ze zelf andere groeten hebben gehoord (bijvoorbeeld 'doei').

Vragen hoe het met iemand gaat en reactie

Werkwijze	Zie 3.2, p. 18.
Opmerkingen	- Bespreek de verschillen in gebruik tussen de varianten van 'vragen hoe het met iemand gaat en reactie'. 'Hoe gaat/is het (ermee)?' is het minst formeel. 'Hoe gaat/is het met je/jou/u?' is neutraal en wordt vaak gebruikt. 'Hoe maakt u het?' is heel formeel.
	- Wat betreft de reacties op 'vragen hoe het met iemand gaat': 'Goed, dank u/je' is wat formeler dan 'Goed' of 'Goed, en met u/jou?'
	- Oplopend van neutraal naar positief kunt u de reacties als volgt weergeven: Het gaat wel - Goed - Uitstekend.
	- Wijs de cursisten erop dat je wel kunt zeggen 'Hoe gaat het met je?' maar niet -'Goed, en met je?' omdat in de laatste zin het persoonlijk voornaamwoord accent heeft en je dus 'jou' moet gebruiken.

Oefening A1

Doel	Receptieve verwerking van 'groeten en teruggroeten' en 'vragen hoe het met iemand gaat en reactie'.
Werkwijze	Wat hoort bij elkaar? Zie les 1, oefening B1, p. 25.

Oefening A2

Doel	Verstaan van tekst 1: In het park en tekst 3: Op straat.
Werkwijze	Maak de teksten compleet. Zie les 1, oefening C5, p. 28.

Lessuggestie

Doel	Produktieve verwerking van 'groeten' en 'vragen hoe het met iemand gaat'.
Werkwijze	*1* Groet de cursisten op verschillende manieren en laat ze reageren.
	2 Laat de cursisten elkaar groeten op zoveel mogelijk verschillende manieren. Laat ze daarbij eventueel naar elkaar toelopen.

Lessuggestie

Doel	Reproduktie van tekst 1: In het park, tekst 3: Op straat en tekst 4: Op school.
Werkwijze	Herhaal in de pauze de voorgaande zin. Zie 3.1.1, p. 15.
Opmerkingen	- Alle zinnen moeten worden herhaald.

B **Tekst 5: In de stad**

Type	Luistertekst, dialoog.
Personen	Mirjam, Hassan.
Relatie	Vrienden.
Stijl	Informeel.
Functies	Vragen iets samen te doen; positief reageren.
Grammmatica	Het werkwoord: hebben, zullen.
Werkwijze	Zie 3.1.1, p. 15.
Opmerkingen	- De teksten 5 t/m 8 staan achter elkaar op de cassette. Daarna volgen de gepauzeerde versies van tekst 5 en 6. Daar de teksten kort zijn, kunt u ze eerst alle vier laten horen en daarna bespreken.
	- In deze teksten komen enkele Nederlandse gewoontes voor zoals een broodje kopen, met een vriendin gaan koffie drinken, je verjaardag vieren. Informeer bij de cursisten in hoeverre ze dit typisch Nederlands vinden.

Tekst 6: Op de markt

Type	Luistertekst, dialoog.
Personen	Wilma, Ellen.
Relatie	Vriendinnen.
Stijl	Informeel.
Functies	Vragen iets samen te doen; positief reageren.
Werkwijze	Zie 3.1.1, p. 15.

Tekst 7: In de kantine

Type	Luistertekst, dialoog.
Personen	David, Paula.
Relatie	Vrienden.
Stijl	Informeel.
Functies	Vragen iets samen te doen; positief reageren.
Grammatica	Het werkwoord: gaan, zullen.
Begrippen	Uitnodigen; dagen.
Werkwijze	Zie 3.1.1, p. 15.

Tekst 8: Bij Wendy

Type	Luistertekst, dialoog.
Personen	Wendy, Oscar.
Relatie	Vrienden.
Stijl	Informeel.
Functies	Uitnodigen; afscheid nemen.
Begrippen	Dagen; uitnodigen.
Werkwijze	Zie 3.1.1, p. 15.

Oefening B1

Doel	Begrip van tekst 5: In de stad, tekst 6: Op de markt, tekst 7: In de kantine en tekst 8: Bij Wendy.
Werkwijze	Zijn de zinnen waar of niet waar? Deze oefening bevat enkele uitspraken over de inhoud van de tekst. De cursisten moeten aangeven of die uitspraak waar is of niet waar.

Lessuggestie

Doel	Reproduktie van tekst 5: In de stad en tekst 6: Op de markt.
Werkwijze	Herhaal in de pauze de voorgaande zin. Zie 3.1.1, p. 15.
Opmerkingen	- Alle zinnen moeten worden herhaald.

Vragen iets samen te doen

Werkwijze	Zie 3.2, p. 18.

Positief reageren

Werkwijze	Zie 3.2, p. 18.
Opmerkingen	- Wijs de cursisten op het verschil in gebruik tussen deze reacties. 'Okee' is het minst formeel; 'goed' en 'leuk' zijn neutraal; 'graag' is iets formeler.

Oefening B2

Doel	Receptieve verwerking van 'vragen iets samen te doen' en 'positief reageren'.
Werkwijze	Kies de goede reactie. Zie les 1, oefening A1, p. 23.

Afscheid nemen

Werkwijze	Zie 3.2, p. 18.

De dag, de nacht, enzovoort

Werkwijze	Zie 3.2, p. 18.

Het werkwoord: gaan, hebben, zullen

Werkwijze	Zie 3.2, p. 18.
Opmerkingen	- Wijs de cursisten erop dat dit onregelmatige werkwoorden zijn. - De meervoudsvormen van het werkwoord komen hier voor het eerst aan de orde. Vermeld dat de meervoudsvorm van het werkwoord gelijk is aan de infinitief.

Oefening B3

Doel	Verwerking van woordvolgorde.
Werkwijze	Maak zinnen. Zie les 1, oefening C8, p. 29.

Oefening B4

Doel	Woorden herkennen in zinsverband.
Werkwijze	Hoeveel woorden heeft elke zin?
	De cursisten luisteren naar een zin en moeten opschrijven uit hoeveel woorden de zin bestaat.
Opmerkingen	- Speel de tekst af en stop na iedere zin, zodat de cursisten de tijd hebben om in gedachten de zin te herhalen en de woorden te tellen.
	- U kunt de zinnen ook zelf oplezen.
	- Laat bij de bespreking de zinnen nog eens horen (of lees ze nog eens op).
	- Dit is een erg moeilijke oefening. Laat het van de groep afhangen of u deze oefening doet.

Oefening B5

Doel	Herkennen van woordaccent.
Werkwijze	Let op het accent.
	De cursisten luisteren naar de woorden en lezen ze tegelijkertijd. U moet deze woorden zelf langzaam en duidelijk uitspreken. De cursisten moeten op het accent letten.
Opmerkingen	- Leg uit dat accent in de eerste plaats een kwestie is van verandering van toonhoogte: van laag naar hoog en van hoog naar laag. Accent is geen kwestie van (meer) volume. In een meerlettergrepig woord is de beklemtoonde lettergreep de lettergreep met de hoge toon. Spreek als voorbeeld het woord 'goedemorgen' op twee manieren uit: met het accent op de eerste lettergreep en met het accent op de derde lettergreep. Houd er rekening mee dat dit onderscheid voor sommige cursisten erg moeilijk te horen is. Adviseer de cursisten in hun alfabetschrift altijd een streep te zetten onder de lettergreep die de hoge toon (het woordaccent) heeft.
	- Wijs de cursisten erop dat uitspraak, intonatie en woordaccent erg belangrijk zijn. Iemand die grammaticaal correct spreekt, maar met een heel slechte uitspraak of intonatie is moeilijker te begrijpen dan iemand met een goede uitspraak en intonatie die fouten in de grammatica maakt.

C **Tekst 9: Bij Stephan en Lucy**

Type	Luistertekst, dialoog.
Personen	Stephan, Lucy.
Relatie	Partners.
Stijl	Informeel.
Functies	Negatief reageren; weifelen.
Werkwijze	Zie 3.1.1, p. 15.
Opmerkingen	- De teksten 9, 10 en 11 staan achter elkaar op de cassette. Daarna komen de gepauzeerde versies van tekst 9 en 11.
	- Wijs Groningen aan op het kaartje van Appendix 1 in het tekstboek.

Tekst 10: Bij Hélène en Jacques

Type	Luistertekst, dialoog.
Personen	Hélène, Jacques.
Relatie	Partners.
Stijl	Informeel.
Functies	Negatief reageren; weifelen.
Werkwijze	Zie 3.1.1, p. 15.
Opmerkingen	- De tekst is ingesproken met een Vlaams accent.

Tekst 11: Bij Maria

Type	Luistertekst, dialoog.
Personen	Erik, Maria.
Relatie	Vrienden.
Stijl	Informeel.
Functies	Negatief reageren; weifelen.
Grammatica	Ontkenning: niet; het lidwoord: de, het, een, ø.
Opmerkingen	- Vermeld dat 'kan' van het onregelmatige werkwoord 'kunnen' komt. Schrijf eventueel de vormen van de onvoltooid tegenwoordige tijd van 'kunnen' op het bord.

Oefening C1

Doel	Begrip van tekst 9: Bij Stephan en Lucy, tekst 10: Bij Hélène en Jacques en tekst 11: Bij Maria.
Werkwijze	Beantwoord de vragen met 'ja', 'nee' of 'ik weet het niet'.

Negatief reageren

Werkwijze	Zie 3.2, p. 18.
Opmerkingen	- 'Ik heb geen zin om ...' is een vrij directe manier om aan te geven dat je niet op de uitnodiging wilt ingaan. Dit wordt alleen gezegd als de personen elkaar goed kennen. 'Ik kan niet' hoeft niet te betekenen dat je niet wilt (tenzij het een smoes is).

Weifelen

Werkwijze	Zie 3.2, p. 18.
Opmerkingen	- 'We zien wel/Ik zie wel' is vrij informeel. Het laat in het midden wat je gaat doen.

Oefening C2

Doel	Receptieve verwerking van 'positief reageren', 'negatief reageren' en 'weifelen'.
Werkwijze	Kies het goede antwoord. Bij een vraag zijn meerdere antwoorden gegeven. De cursisten moeten het juiste antwoord kiezen.
Opmerkingen	- Soms zijn er verschillende mogelijkheden. - Deze oefening kan mondeling (twee aan twee) of schriftelijk gedaan worden.

Lessuggestie

Doel	Produktieve verwerking van 'uitnodigen'.
Werkwijze	Laat de cursisten elkaar uitnodigen voor een film, een concert, een verjaardag enzovoort.
Opmerkingen	- U kunt deze oefening wat structureren door meer gegevens te leveren, zoals de titel van de film, de bioscoop waar hij draait, de tijd waarop iemand naar de film wil, namen van personen die ook uitgenodigd zijn, enzovoort.

Oefening C3

Doel	Verstaan van tekst 9: Bij Stephan en Lucy en 10: Bij Hélène en Jacques.
Werkwijze	Maak de teksten compleet. Zie les 1, oefening C5, p. 28.

Het lidwoord: de, het, een, ∅

Werkwijze	Zie 3.2, p. 18.
Opmerkingen	- Vermeld dat in het meervoud het lidwoord 'de' wordt gebruikt. In het enkelvoud is 'de' het lidwoord van vrouwelijke en mannelijke zelfstandige naamwoorden en 'het' van onzijdige/neutrale. Het onbepaalde lidwoord is voor alle zelfstandige naamwoorden hetzelfde: 'een' in het enkelvoud en '∅' in het meervoud.
	- Voor cursisten die in hun moedertaal geen lidwoorden hebben zal het onderscheid 'bepaald' - 'onbepaald' moeilijk zijn. Leg uit dat het bij 'bepaald' gaat om een zelfstandig naamwoord dat identificeerbaar is, dat wil zeggen de hoorder/lezer weet welke zelfstandigheid wordt bedoeld. Dit kan duidelijk zijn uit de context (Het weekend van 9 en 10 april, het is duidelijk om welk weekend het gaat) of uit voorkennis (Neem het tekstboek voor je, waar in uw situatie het tekstboek van *Code Nederlands* mee wordt bedoeld).

Oefening C4

Doel	Opzoekvaardigheid.
Werkwijze	Zoek in een woordenboek het lidwoord van de woorden.
Opmerkingen	- In sommige woordenboeken wordt het lidwoord gegeven, soms wordt alleen 'm', 'v' of 'o' vermeld. Leg uit dat 'm' en 'v' bij een zelfstandig naamwoord betekenen dat het lidwoord 'de' is, en dat bij 'o' het lidwoord 'het' is.
	- Geef een toelichting bij de illustratie van het stukje woordenboek. In het *Basiswoordenboek* van Van Dale zijn de lidwoorden gegeven.

Ontkenning: niet

Werkwijze	Zie 3.2, p. 18.
Opmerkingen	- Leg uit dat de functie 'ontkennen' op verschillende manieren gerealiseerd kan worden. In de eerste plaats door 'nee', wat al in les 1 voorkomt. In de tweede plaats door 'niet' of 'geen'.
	- In dit kader worden slechts twee eenvoudige regels gegeven met betrekking tot de plaats van 'niet' (na de persoonsvorm en na een bijwoord van tijd). Het onderwerp 'ontkenning' komt later nog enkele keren terug, waar dan steeds weer een nieuw stukje informatie wordt gegeven.
	- 'Geen' komt in deze les ook voor (Ik heb geen zin...), maar daar moet u bij voorkeur niet op ingaan. Leg alleen uit wat het betekent. Ook dit komt later aan de orde.

Vraagwoorden

Werkwijze	Zie 3.2, p. 18.
Opmerkingen	- Geef als toelichting bij de vraagwoorden aan waar ze naar vragen: 'hoe' vraagt naar de manier waarop/hoedanigheid, 'waar' naar de plaats, 'wat' naar een ding, 'welk(e)' naar een ding of een persoon, 'wie' naar een persoon en 'wanneer' naar de tijd.
	- Leg uit dat 'welk(e)' in combinatie met een zelfstandig naamwoord voorkomt; 'welk' met het-woorden en 'welke' met de-woorden.

Lessuggestie

Doel	Receptieve verwerking van vraagwoorden.
Werkwijze	Beantwoord de vragen.
	Stel de cursisten vragen waarin de vraagwoorden voorkomen:
	Hoe heet u? Hoe gaat het? Waar woont u? Waar komt u vandaan? Wie is dat? (wijzen naar andere cursist) Wie zijn dat? Wat is dat? Wat gaat u vanavond doen? Welk boek is dat?

Oefening C5

Doel	Produktieve verwerking van vraagwoorden.
Werkwijze	Bedenk vragen bij de antwoorden.
	De cursisten moeten vragen bedenken en opschrijven bij een gegeven antwoord.
Opmerkingen	- Deze oefening kan mondeling (twee aan twee) en/of schriftelijk gedaan worden.

Lessuggestie

Doel	Reproduktie van tekst 9: Bij Stephan en Lucy en tekst 11: Bij Maria.
Werkwijze	Herhaal in de pauze de voorgaande zin. Zie 3.1.1, p. 15.
Opmerkingen	- Alle zinnen moeten worden herhaald.

D **Tekst 12: Dagen, maanden, seizoenen**

Type	Leestekst.
Begrippen	Dagen; maanden; seizoenen.
Werkwijze	*1* Lees de lijst met namen een keer voor om de cursisten de uitspraak te laten horen.
	2 Bespreek de begrippen.
Opmerkingen	- Niet alle landen/gebieden hebben vier seizoenen. In de Tropen bijvoorbeeld onderscheidt men een nat en een droog seizoen, en soms nog een 'koud' seizoen. Informeer hier eventueel naar bij uw cursisten.

Oefening D1

Doel	Receptieve verwerking van 'dagen'.
Werkwijze	Welke dag is het?
	De cursisten moeten op een kalender de dag zoeken die bij een gegeven datum hoort en die opschrijven.

Oefening D2

Doel   Produktieve verwerking van 'dagen'.

Werkwijze   Beantwoord de vragen.

In een agenda moet het antwoord gezocht worden op de vragen.

Lessuggestie

Doel   Produktieve verwerking van 'dagen, maanden, seizoenen'.

Werkwijze   Beantwoord de vragen.

Stel de volgende vragen: Welke dag is het vandaag? Op welke dagen hebben jullie Nederlandse les? Welke maand is het? In welke maand bent u jarig? Welk seizoen is het? In welk seizoen bent u geboren?

E   Tekst 13: Uitgaan

Type   Leestekst, collage.

Werkwijze   Zie 3.1.2, p. 17.

Oefening E1

Doel   Zoekend lezen.

Werkwijze   Beantwoord de vragen.

De cursisten moeten de vragen lezen en het antwoord opzoeken in de tekst. Deze oefening kan het best tijdens de les gedaan worden. Geef de cursisten niet teveel tijd; het gaat erom dat ze snel informatie leren opzoeken in een tekst.

Opmerkingen   - Naar aanleiding van deze oefening kunt u de cursisten vragen een krant mee te nemen (of dat zelf doen) waarin programma's van bioscopen, theaters en dergelijke staan (sommige plaatsen hebben een 'uitkrant'). U kunt daarbij soortgelijke vragen stellen als in oefening E1.

- Bespreek eventueel de mogelijkheden om uit te gaan in het land van herkomst van de cursisten. Waar gingen ze vaak naartoe?

Introductie

Eten en drinken vormen het thema van deze les. De begrippen zijn: voedsel en drank, buitenshuis eten en drinken en smaak. In alle teksten keert het thema terug: Thuis (tekst 1), In een coffeeshop (tekst 2), In een café (tekst 3), In een restaurant (tekst 4), Aan de bar (tekst 5), Een menu kiezen (tekst 6), Aan tafel (tekst 7). Het begrip 'smaak' wordt uitgewerkt in tekst 8 (Smaken verschillen) en tekst 9 ten slotte bevat een menu van een pizzeria.

De nieuw aangeboden functies van deze les die met het thema te maken hebben zijn: 'naar wensen vragen', 'bestellen', 'voorkeur hebben', 'geen voorkeur hebben', 'positief beoordelen', 'negatief beoordelen' en 'bedanken'. De grammaticale onderwerpen zijn: de ontkenning (niet), de woordvolgorde van de enkelvoudige zin, de meervoudsvormen van het persoonlijk voornaamwoord en het werkwoord en het bijvoeglijk naamwoord: lekker-lekkere.

Voorbereiding

U kunt enkele begrippen van het thema eten introduceren door vragen te stellen als: Ga je wel eens naar een restaurant? Wat eet je vandaag? Drink je koffie? Wat vind je lekker?

A   **Tekst 1: Thuis**

Type	Luistertekst, dialoog.
Personen	Joop, Mariska.
Relatie	Vrienden.
Stijl	Informeel.
Functies	Naar wensen vragen; voorkeur hebben.
Begrippen	Dranken.
Werkwijze	Zie 3.1.1, p. 15.
Opmerkingen	- Tekst 1, 2 en 3 zijn achter elkaar opgenomen op de cassette. Daarna volgen de gepauzeerde versies van de drie teksten.

Tekst 2: In een coffeeshop

Type	Luistertekst, gesprek met meerdere deelnemers.
Personen	Juan, Lies, ober.
Relatie	Klanten en bediende.
Stijl	Formeel.
Functies	Naar wensen vragen; bestellen.
Begrippen	Dranken; buitenshuis eten en drinken.
Werkwijze	Zie 3.1.1, p. 15.
Opmerkingen	- Vermeld dat 'mag' komt van het onregelmatige werkwoord mogen. Geef eventueel alle vormen van de onvoltooid tegenwoordige tijd van 'mogen'.

Tekst 3: In een café

Type	Luistertekst, gesprek met meerdere deelnemers.
Personen	Sjef, Carla, Tineke, ober.
Relatie	Klanten en bediende.
Stijl	Formeel, informeel.
Functies	Vragen naar wensen; bestellen; voorkeur hebben.
Begrippen	Voedsel en dranken; buitenshuis eten en drinken.
Werkwijze	Zie 3.1.1, p. 15.
Opmerkingen	- Leg uit wat een tosti is.

Oefening A1

Type	Begrip van tekst 1: Thuis, tekst 2: In een coffeeshop en tekst 3: In een café.
Werkwijze	Kies het goede antwoord. Zie les 1, oefening C1, p. 26.

Naar wensen vragen

Werkwijze	Zie 3.2, p. 18.
Opmerkingen	- 'En u/jij?' wordt gebruikt als er al daarvoor iets aan iemand anders is gevraagd.
	- 'Meneer/Mevrouw' en 'Zegt u het maar' worden alleen gebruikt in situaties buitenshuis (café, restaurant).

Bestellen

Werkwijze	Zie 3.2, p. 18.
Opmerkingen	- Op 'vragen naar wensen' wordt in veel situaties, zowel thuis als buitenshuis gereageerd met de naam van het produkt. 'Twee paprika's graag' en 'Tien eieren alstublieft' zijn meer formele reacties.
	- 'Hebt u ...?/Mag ik ...?' kunnen ook gebruikt worden, zonder dat er eerst een vraag naar een wens is geweest.

Oefening A2

Doel	Receptieve verwerking van 'vragen naar wensen' en 'bestellen'.
Werkwijze	Kies een goede reactie. Zie les 1, oefening A1, p. 23.

Oefening A3

Doel	Receptieve verwerking van 'vragen naar wensen' en 'bestellen'.
Werkwijze	Maak dialogen van vier zinnen (twee vragen, twee reacties). De cursisten moeten dialoogjes maken van vier zinnen door uit ieder blokje een zin te kiezen. Ze kunnen meerdere dialoogjes maken.
Opmerkingen	- Het is de bedoeling dat deze oefening mondeling gedaan wordt. U kunt eventueel de cursisten daarna de oefening schriftelijk laten maken.

Woordvolgorde: de enkelvoudige zin

Werkwijze	Zie 3.2, p. 18.
Opmerkingen	- Het gaat hier om de zogenaamde 'tangconstructie'. Een samengesteld gezegde bestaat in dit geval uit een modaal hulpwerkwoord (kunnen, mogen, moeten, zullen) en een infinitief. Het hulpwerkwoord komt op de tweede plaats, de infinitief komt aan het eind van de zin.

Oefening A4

Doel	Woorden herkennen in zinsverband.
Werkwijze	Hoeveel woorden heeft elke zin? Zie les 2, oefening B4, p. 36.

Oefening A5

Doel	Verstaan van tekst 3: In een café.
Werkwijze	Maak de tekst compleet. Zie les 1, oefening C5, p. 28.

Lessuggestie

Doel	Reproduktie van tekst 1: Thuis, tekst 2: In een coffeeshop en tekst 3: In een café.
Werkwijze	Herhaal in de pauze de voorgaande de zinnen. Zie 3.1.1, p. 15.
Opmerkingen	- Er zijn geen pauzes na de uitingen van de ober. Die uitingen hoeven niet herhaald te worden.

B   Tekst 4: In een restaurant en tekst 5: Aan de bar

Type	Luisterteksten, gesprekken met meerdere deelnemers.
Personen	Max, Willy, Daan, Olga, ober.
Relatie	Vriendschappelijk tussen het viertal; klant en bediende met de ober.
Stijl	Informeel tussen de vier, formeel met de ober.
Functies	Voorkeur hebben; geen voorkeur hebben.
Begrippen	Buitenshuis eten en drinken.
Werkwijze	Zie 3.1.1, p. 15.
Opmerkingen	- Tekst 4 en 5 staan achter elkaar op de cassette. Daarna volgen de gepauzeerde versies van beide teksten.

Oefening B1

Doel	Begrip van tekst 4: In een restaurant en tekst 5: Aan de bar.
Werkwijze	Zijn de zinnen waar of niet waar? Zie les 2, oefening B1, p. 35.

Voorkeur hebben

Werkwijze	Zie 3.2, p. 18.
Opmerkingen	- Wijs de cursisten op de functie van 'maar' bij de imperatief: 'Doet u maar rood'. In het Nederlands kun je niet zeggen 'Geef mij rood'. Dat klinkt onbeleefd in deze situatie.

Geen voorkeur hebben

Werkwijze	Zie 3.2, p. 18.
Opmerkingen	- 'Het maakt niet uit' en 'Het geeft niet' kunnen in dezelfde situaties gebruikt worden.

Oefening B2

Doel	Receptieve verwerking van 'voorkeur hebben' en 'geen voorkeur hebben'.
Werkwijze	Kies het goede antwoord. Zie les 2, oefening C2, p. 37.
Opmerkingen	- De cursisten kunnen de vragen eerst zelf beantwoorden, daarna kunnen ze ze aan een medecursist stellen.
	- Bij de klassikale bespreking kunt u steeds een ander dezelfde vraag stellen En u? Woont u ook liever in Amerika? Eventueel uitbreiden met andere vragen, zoals Eet u liever vroeg of laat? Hebt u liever 's morgens of 's avonds les?

Oefening B3

Doel	Herkennen van zinsaccenten.
Werkwijze	Let op het accent.
	Deze oefening lijkt op oefening B5 van les 2, p. 36 (herkennen van woordaccenten). Dezelfde werkwijze kan gevolgd worden.
Opmerkingen	- U kunt de cursisten naar de cassette laten luisteren of zelf de zinnen oplezen. Let u er in het laatste geval op dat u de accenten legt zoals ze in het oefenboek zijn aangegeven.

Oefening B4

Doel	Verstaan van tekst 5: Aan de bar.
Werkwijze	Maak de tekst compleet. Zie les 1, oefening C5, p. 28.

Lessuggestie

Doel	Reproduktie van tekst 4: In een restaurant en tekst 5: Aan de bar.
Werkwijze	Herhaal in de pauze de voorgaande zin. Zie 3.1.1, p. 15.
Opmerkingen	- Er zijn geen pauzes na de uitingen van de ober. Die uitingen hoeven niet herhaald te worden.

C   **Tekst 6: Een menu kiezen en tekst 7: Aan tafel**

Type	Luisterteksten, gesprekken met meerdere deelnemers.
Personen	Max, Willy, Daan, Olga, ober.
Relatie	Vriendschappelijk tussen het viertal, klant en bediende met de ober.
Functies	Positief beoordelen; negatief beoordelen; bedanken.
Begrippen	Smaak; buitenshuis eten en drinken; voedsel en dranken.
Grammatica	Het persoonlijk voornaamwoord: we/wij, jullie, ze/zij; het werkwoord: meervoud.
Werkwijze	Zie 3.1.1, p. 15.
Opmerkingen	- Tekst 6 en 7 staan achter elkaar op de cassette. Daarna volgen de gepauzeerde versies van beide teksten.

Oefening C1

Doel	Begrip van tekst 6: Een menu kiezen en tekst 7: Aan tafel.
Werkwijze	Zijn de zinnen waar of niet waar? Zie les 2, oefening B1, p. 35.

Positief beoordelen

Werkwijze	Zie 3.2, p. 18.
Opmerkingen	- 'Ik vind ...' is meestal een reactie op de vraag 'Wat vind je van x?' of 'Hoe vind je x?' De combinatie 'Wat vind je van ...' en 'Het/Dat is ...' is in het Nederlands niet in alle gevallen bruikbaar. Bijvoorbeeld na de vraag 'Wat vind je van Nederland?' is 'Het is leuk' niet het meest aangewezen antwoord. Beter is 'Leuk' of 'Ik vind Nederland leuk'.
	- 'Lekker' gebruik je niet alleen voor eten en drinken, maar ook voor andere dingen die je lekker vindt: Ik ga lekker op vakantie, Ik heb lekker gewerkt vandaag, enzovoort.

Negatief beoordelen

Werkwijze	Zie 3.2, p. 18.

Bedanken

Werkwijze	Zie 3.2, p. 18.
Opmerkingen	- 'Bedankt' is wat informeler dan 'dank u wel'.

Oefening C2

Doel	Receptieve verwerking van 'positief en negatief beoordelen'.
Werkwijze	Kies de goede reactie. Zie les 1, oefening A1, p. 23.

Oefening C3

Doel	Receptieve verwerking van 'positief en negatief beoordelen'.
Werkwijze	Maak dialogen van vier zinnen. Zie oefening A3 van deze les.

Het persoonlijk voornaamwoord: we/wij, u, jullie, ze/zij

Werkwijze	Zie 3.2, p. 18.
Opmerkingen	- Wijs op het verschil tussen formeel en informeel. In het meervoud wordt 'u' gebruikt als je een groep mensen toespreekt die je niet kent of waar je formeel mee omgaat.
	- Leg uit dat 'wij' en 'zij' gebruikt worden als het persoonlijk voornaamwoord nadruk heeft. Bijvoorbeeld: Drinken jullie koffie? Nee, wij drinken water, zij drinken koffie.

Het werkwoord

Werkwijze	Zie 3.2, p. 18.

Oefening C4

Doel	Produktieve verwerking van woordvolgorde.
Werkwijze	Zet de woorden in de goede volgorde.
Opmerkingen	- Het is de bedoeling dat deze oefening schriftelijk gemaakt wordt.
	- Wijs de cursisten erop dat het woord met een hoofdletter het eerste woord van de zin is.

Oefening C5

Doel	Herkennen van intonatiepatronen.
Werkwijze	Let op de intonatie. Zie les 1, oefening C6, p. 29.

Lessuggestie

Doel	Reproduktie van tekst 6: Een menu kiezen en tekst 7: Aan tafel.
Werkwijze	Herhaal in de pauze de voorgaande zin. Zie 3.1.1, p. 15.
Opmerkingen	- Er zijn geen pauzes na de uitingen van de ober. Deze uitingen hoeven niet herhaald te worden.

D ### Tekst 8: Smaken verschillen

Type	Leestekst.
Grammatica	Het bijvoeglijk naamwoord: lekker - lekkere; ontkenning: niet.
Begrippen	Smaak; voedsel en dranken.
Werkwijze	Zie 3.1.2, p. 17.

Oefening D1

Doel	Receptieve verwerking van begrippen uit tekst 8: Smaken verschillen.
Werkwijze	Welk woord hoort er niet bij?
	Uit een reeks van vier woorden moet er een gekozen worden die er niet bij hoort.
Opmerkingen	- Wees erop bedacht dat cursisten soms andere combinaties maken dan u zou doen. Die kunnen ook juist zijn, maar van een andere gedachtengang uitgaan.

Het bijvoeglijk naamwoord: lekker - lekkere

Werkwijze	Zie 3.2, p. 18.
Opmerkingen	- Wijs op de spelling van 'rode' naast 'rood'.

Ontkenning: niet

Werkwijze	Zie 3.2, p. 18.
Opmerkingen	- U kunt de andere voorbeelden van het gebruik van 'niet' die in het kader van les twee staan, herhalen.

Oefening D2

Doel	Receptieve verwerking van 'positief en negatief beoordelen'.
Werkwijze	Wat vindt u van ...?
	Als antwoord op de vraag 'Wat vindt u van ...?' kunnen de cursisten kiezen uit vijf mogelijkheden. Ze moeten een kruisje zetten onder de reactie die ze kiezen.
Opmerkingen	- U kunt deze oefening produktief maken door de vragen twee aan twee te laten doen. Daarna kunt u eventueel de vragen nog eens stellen, of vragen 'Wat vindt x van jenever/haring/ enzovoort?'

Oefening D3

Doel	Receptieve verwerking van woordenschat.
Werkwijze	Rubriceer: wat is zuur, wat is bitter, wat is zoet, wat is zout?
	Een achttal produkten moet in een van de categorieën zuur, bitter, zoet of zout ingedeeld worden. De namen van de produkten moeten onder het woord worden geschreven.
Opmerkingen	- U kunt na deze oefening eventueel mondeling vragen stellen: Is citroen zout? Is kaas zuur? Welke produkten zijn bitter? enzovoort.
	- Bij 'appel' en 'haring' zijn twee mogelijkheden.

Oefening D4

Doel	Produktieve verwerking van 'positief en negatief beoordelen' en 'voorkeur/geen voorkeur heben'.
Werkwijze	Beantwoord de vragen. Zie les 1, oefening C9, p. 29.

Lessuggestie

Doel   Produktieve verwerking van 'positief en negatief beoordelen'.

Werkwijze   Interview.

Geef de cursisten een lijstje met enkele produkten erop (koffie, kabeljauw, wijn, enzovoort). Ze moeten aan een andere cursist vragen wat die van deze dingen vindt, of hij/zij ervan houdt. U kunt daarna eventueel het antwoord laten rapporteren aan weer een andere cursist of aan uzelf. Laat in dat geval eerst de vraag stellen 'Wat vindt x van ...?' (of stel die zelf).

E   **Oefening E1**

Doel   Produktieve verwerking van de meervoudsvormen van het persoonlijk voornaamwoord en het werkwoord.

Werkwijze   Schrijf een tekst.

Opmerkingen - Leg uit wat een 'karakteristiek' is.

- Met 'buren' in de derde opdracht wordt bedoeld de mensen die naast de cursist wonen.

- U kunt naar aanleiding van deze oefening eventueel een gesprek houden over karakeristieken.

Tekst 9: Menu Pizzeria La Capanna

Type   Leestekst.

Werkwijze   Globaal lezen. Zie 3.1.2, p. 17.

Oefening E2

Doel   Zoekend lezen.

Werkwijze   Beantwoord de vragen. Zie les 2, oefening E1, p. 40.

Lessuggestie

Doel   Produktieve verwerking van de functies 'vragen naar wensen' en 'bestellen'.

Werkwijze   Rollenspel.

Laat de cursisten twee aan twee een rollenspel doen aan de hand van de menukaart. Geef een cursist de rol van ober, een ander de rol van klant. Geef eventueel aanwijzingen: de klant wil iets/een pizza eten en iets/thee drinken, de ober vraagt of de klant iets wil eten, daarna wat hij/zij wil eten; of de klant iets wil drinken, wat hij/zij wil drinken.

Introductie

Het thema van deze les is: begrijpen en verstaan. Taalfuncties die hiermee samenhangen zijn: 'zeggen dat je iemand niet verstaat', 'zeggen dat iemand te snel praat' en 'vragen om uitleg'. Deze functies worden in deze les aangeboden in verschillende situaties: in een taxi vraagt de chauffeur wat de klant zegt; in een coffeeshop wordt aan de serveerster gevraagd of ze langzamer wil praten en een caissière van een theater vraagt een klant wat harder te praten. Een begrip dat hierbij van belang is, is 'vergelijking'. Op het niveau van de grammatica wordt daarbij ingegaan op vormen als 'hard', 'harder' en 'hardst', naast aandacht voor het meervoud van het zelfstandig naamwoord en het persoonlijk voornaamwoord. Andere begrippen die in deze les zijn verwerkt, zijn: 'zich verstaanbaar maken', 'buitenshuis eten en drinken', 'uitgaan, 'vrije tijd' en 'aantal'. Ten slotte wordt nog de functie 'geen belangstelling hebben' geïntroduceerd en daaraan gekoppeld de ontkenning met 'geen'.

Voorbereiding

Als inleiding op het thema van de les kunt u de cursisten vragen wat ze doen als iemand hen niet begrijpt of verstaat of als zij iemand niet verstaan. In welke situaties komt dat voor? Wat begrijpen ze wel?

A   **Tekst 1: Met de taxi en tekst 2: Onderweg in de taxi**

Type	Luistertekst, dialogen.
Personen	Mieke Smeets, taxichauffeur.
Relatie	Klant en dienstverlener.
Stijl	Formeel.
Functies	Zeggen dat je iemand niet verstaat.
Begrippen	Zich verstaanbaar maken.
Werkwijze	Zie 3.1.1, p. 15.
Opmerkingen	- Mieke Smeets spreekt met een Zuidnederlands accent.
	- Vraag de cursisten of ze weten wie Van Gogh is.
	- Van deze teksten zijn geen gepauzeerde versies opgenomen op de cassette.

Oefening A1

Doel	Begrip van tekst 1: Met de taxi en tekst 2: Onderweg in de taxi.
Werkwijze	Zijn de zinnen waar of niet waar? Zie les 2, oefening B1, p. 35.

Zeggen dat je iemand niet verstaat

Werkwijze	Zie 3.2, p. 18.
Opmerkingen	- 'Wat zegt u' en 'ik versta u niet' zijn expliciete manieren om uit te drukken dat je iemand niet verstaat. 'Pardon' en 'sorry' zijn meer impliciet. 'Sorry' is het minst formeel.

Oefening A2

Doel	Herkennen van zinsaccenten.
Werkwijze	Let op het accent. Zie les 3, oefening B3, p. 44.

Oefening A3
Doel	Herkennen van intonatiepatronen.
Werkwijze	Let op de intonatie. Zie les 1, oefening C6, p. 29.

B

Tekst 3: In een coffeeshop
Type	Luistertekst, gesprek met meerdere deelnemers.
Personen	Eva, Nils, Agneta, serveerster.
Relatie	Klanten en dienstverlener.
Stijl	Formeel.
Functies	Zeggen dat iemand te snel praat.
Begrippen	Buitenshuis eten en drinken.
Grammatica	Het persoonlijk voornaamwoord: alle vormen.
Werkwijze	Zie 3.1.1, p. 15.
Opmerkingen	- Vertel dat je in een coffeeshop kleine hapjes kunt eten en iets kunt drinken.
	- Leg uit wat een croquet en een uitsmijter zijn.
	- De gepauzeerde versie van de tekst volgt onmiddellijk op de ongepauzeerde.

Oefening B1
Doel	Begrip van tekst 3: In een coffeeshop.
Werkwijze	Kies het goede woord. Zie les 1, oefening D1, p. 29.

Zeggen dat iemand te snel praat
Werkwijze	Zie 3.2, p. 18.
Opmerkingen	- 'Niet zo snel alstublieft/alsjeblieft' is de minst formele manier om te zeggen dat iemand te snel praat. 'Kunt u/Kun je dat nog een keer zeggen?' kan ook gebruikt worden om uit te drukken dat je iemand niet verstaat.

Oefening B2
Doel	Receptieve verwerking van 'zeggen dat je iemand niet verstaat' en 'zeggen dat iemand te snel praat'.
Werkwijze	Kies de goede reactie. Zie les 1, oefening A1, p. 23.

Oefening B3
Doel	Receptieve verwerking van woordenschat uit tekst 3: In een coffeeshop.
Werkwijze	Welk woord hoort er niet bij? Zie les 3, oefening D1, p.

Oefening B4
Doel	Verstaan van tekst 3: In een coffeeshop.
Werkwijze	Maak de tekst compleet. Zie les 1, oefening C5, p. 28.

Het persoonlijk voornaamwoord: alle vormen

Werkwijze   Zie 3.2, p. 18.

Opmerkingen   - Wijs de cursisten nogmaals op het verschil tussen formeel en informeel.

- Geef de verschillen aan tussen schrijfwijze en uitspraak van 'haar', 'hem', 'het' en 'hij' (na een werkwoord of voegwoord uitgesproken als /ie/).

- Nieuw in deze les zijn de vormen van het persoonlijk voornaamwoord als 'niet-onderwerp'. Geef met simpele voorbeelden aan wat het verschil tussen onderwerp en lijdend/meewerkend voorwerp is, bijvoorbeeld:

Jan helpt Kees.   Jan geeft een boek aan Kees.

Hij helpt hem.   Hij geeft een boek aan hem.

Oefening B5

Doel   Verwerking van het persoonlijk voornaamwoord (niet-onderwerp).

Werkwijze   Vul in: mij/u/ons.

Opmerkingen   - Wijs de cursisten erop dat de oefening niet uit losse zinnen bestaat, maar dat de zinnen een geheel vormen.

- Deze oefening kan mondeling en/of schriftelijk worden gedaan.

Oefening B6

Doel   Produktieve verwerking van vragen met 'welk/welke'.

Werkwijze   Maak de dialogen compleet.

De cursisten moeten enkele delen van zinnen invullen.

Opmerkingen   - De oefening moet bij voorkeur twee aan twee gedaan worden (A en B).

- Leg nog eens uit dat 'welk' gebruikt wordt voor het-woorden en 'welke' voor de-woorden.

Oefening B7

Doel   Produktieve verwerking van begrippen en functies uit deze les.

Werkwijze   Beantwoord de vragen. Zie les 1, oefening C9, p. 29.

Lessuggestie

Doel   Reproduktie van tekst 3: In een coffeeshop.

Werkwijze   Herhaal in de pauze de voorgaande zin. Zie 3.1.1, p. 15.

Opmerkingen   - De cursisten hoeven de uitingen van de serveerster niet te herhalen.

C   **Tekst 4: Aan de kassa van een theater**

Type   Luistertekst, dialoog.

Personen   Bob Hafkamp, caissière.

Relatie   Klant en verkoper.

Stijl   Formeel.

Begrippen   Uitgaan; vergelijking.

Grammatica   Het zelfstandig naamwoord: meervoud; vergelijking: hard-harder - hardst.

Werkwijze   Zie 3.1.1, p. 15.

Opmerkingen	- In deze tekst worden enkele functies uit blok A en B herhaald: 'wat zeg je als je iemand niet verstaat': Kunt u wat harder praten? Kunt u het nog een keer zeggen?
	- Leg uit wat een caissière is.
	- Vertel dat Het Nederlands Danstheater een bekende Nederlandse balletgroep is.
	- De gepauzeerde versie van tekst 4 staat direct na de ongepauzeerde op de cassette.

Oefening C1

Doel	Begrip van tekst 4: Aan de kassa van een theater.
Werkwijze	Kies het goede antwoord. Zie les 1, oefening C1, p. 26.

Het zelfstandig naamwoord: meervoud

Werkwijze	Zie 3.2, p. 18.
Opmerkingen	- Geef aan de hand van de illustratie uit het woordenboek aan hoe de vormen van het meervoud daarin worden aangegeven.

Oefening C2

Doel	Receptieve verwerking van de meervoudsvormen van het zelfstandig naamwoord.
Werkwijze	Wat eet en drinkt u vandaag? Vul in.
	Er moet een getal worden ingevuld en uit de keuzemogelijkheden moet één woord gekozen worden.
Opmerkingen	- Soms moeten er twee woorden gekozen worden:
	Ik neem 2... ~~glas~~/glazen melk/~~bier~~/~~wijn~~.

Lessuggestie

Doel	Opzoekvaardigheid.
Werkwijze	Laat de cursisten in het woordenboek enkele meervoudsvormen opzoeken van woorden die ze in eerdere lessen al gehad hebben, zoals fles, brood, ijsje, haring, citroen.

Vergelijking: hard - harder - hardst

Werkwijze	Zie 3.2, p. 18.
Opmerkingen	- Leg uit dat bijvoeglijke naamwoorden die eindigen op -(e)r in de vergrotende trap -der krijgen.
	- Wijs erop dat de vervoeging van de bijvoeglijke naamwoorden in de vergrotende of overtreffende trap hetzelfde gaat als bij het gewone bijvoeglijke naamwoord: de duurste plaatsen.

Oefening C3

Doel	Produktieve verwerking van vergelijkingen.
Werkwijze	Beantwoord de vragen. Zie les 1, oefening C9, p. 29.

Oefening C4

Doel	Verstaan van tekst 4: Aan de kassa van een theater.
Werkwijze	Maak de tekst compleet. Zie les 1, oefening C5, p. 28.

Lessuggestie

Doel	Reproduktie van tekst 4: Aan de kassa van een theater.
Werkwijze	Herhaal in de pauze de voorgaande zin. Zie 3.1.1, p. 15.
Opmerkingen	- De cursisten moeten alleen de uitingen van Bob Hafkamp herhalen.

D   **Tekst 5: Op straat**

Type	Luistertekst, dialoog.
Personen	Helga de Kam, colporteur.
Relatie	Potentiële klant en verkoper.
Stijl	Formeel.
Functies	Vragen om uitleg; geen belangstelling hebben.
Begrippen	Aantal.
Grammatica	Ontkenning: geen.
Werkwijze	Zie 3.1.1, p. 15.
Opmerkingen	- Leg de begrippen 'colporteur' en 'boekenclub' uit. Vraag of de cursisten zoiets kennen.
	- Vertel dat Mulisch een bekend Nederlands schrijver is.
	- De gepauzeerde versie van deze tekst komt direct na de ongepauzeerde op de cassette.

Oefening D1

Doel	Begrip van tekst 5: Op straat.
Werkwijze	Zijn de zinnen waar of niet waar? Zie les 2, oefening B1, p. 35.

Vragen om uitleg

Werkwijze	Zie 3.2, p. 18.
Opmerkingen	- 'Wat is dat?' geeft aan dat iets onbekend is. 'Wat betekent dat?' gebruik je om de betekenis van iets te vragen. 'Wat bedoelt u?' drukt uit dat datgene wat de spreker zegt niet duidelijk is.

Geen belangstelling hebben

Werkwijze	Zie 3.2, p. 18.
Opmerkingen	- De drie varianten 'Ik heb geen interesse', 'Ik heb geen belangstelling' en 'Ik ben niet geïnteresseerd' zijn min of meer uitwisselbaar wat betreft het gebruik.

Oefening D2

Doel	Receptieve verwerking van de functie 'vragen om uitleg'.
Werkwijze	Kies de goede reactie.
	De cursisten zien twee personen op een illustratie. A zegt iets wat B niet begrijpt. De cursisten moeten voor de reactie van B kiezen uit drie mogelijkheden.

Oefening D3

Doel	Produktieve verwerking van woordaccent.
Werkwijze	Welk woord(deel) krijgt accent?
	De docent leest de woorden op, de cursist moet de lettergreep die accent heeft, onderstrepen.
Opmerkingen	- Bij de vorige oefeningen over woordaccent was het accent steeds aangegeven, nu moeten de cursisten dit zelf doen.
	- Schrijf bij de bespreking de woorden eventueel op het bord.
	- U kunt deze oefening regelmatig herhalen met een paar woorden uit de teksten.

Oefening D4

Doel	Receptieve verwerking van begrippen met betrekking tot aantal.
Werkwijze	Kies het goede woord.
	De cursisten moeten uit twee woorden het juiste kiezen.
Opmerkingen	- Deze oefening kan het best individueel gedaan worden.

Ontkenning: geen

Werkwijze	Zie 3.2, p. 18.
Opmerkingen	- Geef bij de toelichting op dit kader ook het verschil met 'niet' aan. Bijvoorbeeld:

—Heeft Anne een kaart?   —Heeft Anne de kaart?

—Anne heeft geen kaart.   —Anne heeft de kaart niet.

Verwijs eventueel naar de kaders waar 'niet' is behandeld (les 2, p. 28 en les 3, p. 38).

Tekst 6: Vrije tijd

Type	Leestekst.
Begrippen	Vrije tijd; uitgaan.
Werkwijze	Zie 3.1.2, p. 17.
Opmerkingen	- Deze tekst is geschreven vanuit het perspectief van een West-Europeaan: meer vrije tijd, hobbies, manieren van vrijetijdsbesteding, soorten van uitgaan, enzovoort. U kunt dit even toelichten.
	- Met 'we' wordt bedoeld: wij, mensen in West-Europa.

Oefening D5

Doel	Begrip van tekst 6: Vrije tijd.
Werkwijze	Beantwoord de vragen.
	Laat de cursisten, nadat ze de tekst globaal hebben gelezen, de vragen lezen. Daarna de vragen beantwoorden.
Opmerkingen	- U kunt deze oefening individueel laten doen. Eventueel kunt u de cursisten vragen hun antwoorden te vergelijken met die van een medecursist.

Oefening D6

Doel	Receptieve verwerking van 'geen belangstelling hebben'.
Werkwijze	Kies het goede woord.
Opmerkingen	- Laat deze oefening twee aan twee doen: één cursist stelt steeds de vraag die boven de oefening staat: Hebt u belangstelling voor ...? De andere cursist antwoordt.

Lessuggestie

Doel	Reproduktie van tekst 5: Op straat.
Werkwijze	Zie 3.1.1, p. 15.
Opmerkingen	- In de gepauzeerde versie van deze tekst zijn er geen pauzes na de uitingen van de colporteur, die hoeven de cursisten niet te herhalen.

E **Oefening E1**

Doel	Produktieve verwerking van begrippen en functies uit deze les.
Werkwijze	Maak de tekst compleet.
Opmerkingen	- De cursisten moeten zelf bedenken wat er op de open plekken kan worden ingevuld.
	- Op sommige plekken moeten meerdere woorden worden ingevuld.
	- Wijs erop dat Ans en Chris vrienden zijn die elkaar informeel aanspreken en dat de relatie met de caissière formeel is.
	- Laat deze oefening bij voorkeur in groepjes van drie doen.

Oefening E2

Doel	Produktieve verwerking van vergelijkingen.
Werkwijze	Geef uw mening.
	De cursisten stellen elkaar vragen over twee schilderijen die zijn afgebeeld.
Opmerkingen	- Bij de bespreking kunt u de vragen aan de cursisten stellen. U kunt ook vragen: Welk schilderij vindt x mooier, moderner, enzovoort?

Tekst 7: Folder ECI

Type	Leestekst, folder.
Werkwijze	Zie 3.1.2, p. 17.

Oefening E3

Doel	Begrip van tekst 7: Folder ECI.
Werkwijze	Lees tekst 7.

Introductie

Deze les heeft als thema: boodschappen doen. In tekst 1 (In een groentewinkel), tekst 2 (In een schoenenwinkel) en tekst 3 (In een warenhuis) komen de functies 'naar wensen van klanten vragen en reactie', 'positief en negatief beoordelen' en 'voorkeur hebben' aan de orde. De begrippen die erin verwerkt zijn, zijn 'levensmiddelen', 'prijzen', 'kleur', 'grootte' en 'aantal'. In tekst 4 (Op de markt) worden de functies 'vragen naar de prijs en reactie' en 'vragen naar het gewicht en reactie' gepresenteerd. De begrippen die hierbij horen zijn: 'levensmiddelen', 'geld' en 'gewicht'. In tekst 5 (Advertentie), 6 (Het eten in Nederland) en 7 (een folder) vindt verdere verwerking plaats van de begrippen die betrekking hebben op het thema van de les. De grammaticale onderwerpen die behandeld worden, zijn: spelling (rood-rode) en het aanwijzend voornaamwoord: deze, dit, die, dat (ik neem liever die).

Voorbereiding

U kunt voorafgaand aan de behandeling van de les enkele vragen stellen over het thema, zoals Waar doet u boodschappen: op de markt, in een supermarkt, in een kleine winkel? Welke warenhuizen kent u? Wat vindt u van de winkels in Nederland? In welke situaties bij het boodschappen doen spreekt u Nederlands?

A   **Tekst 1: In een groentewinkel**

Type	Luistertekst, dialoog.
Personen	Groenteboer, mevrouw Van Zanden.
Relatie	Verkoper en klant.
Stijl	Formeel.
Functies	Naar wensen van klanten vragen en reactie; zeggen dat je wat wilt kopen.
Begrippen	Levensmiddelen; prijzen; betalen; kleur.
Grammatica	Spelling.
Werkwijze	Zie 3.1.1, p. 15.
Opmerkingen	- Vermeld dat het noemen van prijzen op twee manieren kan: 'een gulden achtennegentig' of 'een achtennegentig'
	- De kleuren die voor druiven gebruikt worden kunnen per land verschillen; in Engeland bijvoorbeeld spreken ze van 'groene' en 'zwarte' druiven (in plaats van witte en blauwe).
	- Wijs de cursisten erop dat de groenteboer zegt 'bij <u>mekaar</u>'.
	- De gepauzeerde versie van deze tekst komt direct na de ongepauzeerde op de cassette.

Oefening A1

Doel	Begrip van tekst 1: In een groentewinkel.
Werkwijze	Zijn de zinnen waar of niet waar? Zie les 2, oefening B1, p. 35.

Naar wensen van klanten vragen en reactie

Werkwijze   Zie 3.2, 18.

Opmerkingen   - 'Wie is er aan de beurt?' wordt gevraagd als er meerdere klanten in de winkel zijn. 'Zegt u het maar' wordt tegen één klant gezegd.

        - 'Anders nog iets?' en 'Dat was het?' verschillen niet zo veel in gebruik. 'Dat was het?' vraagt een verkoper als hij denkt dat de klant niets meer wenst.

Zeggen wat je wilt kopen

Werkwijze   Zie 3.2, p. 18.

Opmerkingen   - Bij een opsomming (als iemand meerdere produkten koopt) wordt alleen de naam van het produkt genoemd. (Drie kilo aardappelen, een meloen en een paprika).

Oefening A2

Doel   Receptieve verwerking van 'naar wensen van klanten vragen en reactie' en 'zeggen wat je wilt kopen'.

Werkwijze   Kies de goede reactie. Zie les 1, oefening A1, p. 23.

Spelling

Werkwijze   Zie 3.2, p. 18.

Opmerkingen   - Geef een toelichting bij de begrippen lettergreep, klinker en medeklinker.

        - Leg uit wat een open en een gesloten lettergreep zijn.

        - Spreek de klanken tussen haken uit: /a/, /o/, enzovoort en /aa/, /oo/, enzovoort.

        - Deze spellingsregels zijn vrij ingewikkeld. In bepaalde talen, bijvoorbeeld het Arabisch, worden sommige klinkers helemaal niet geschreven. Voor cursisten met deze moedertaal kan het onderscheid tussen /a/ en /aa/ enzovoort moeilijk zijn. Laat het van uw groep afhangen in hoeverre u de regels uitgebreid behandelt.

Oefening A3

Doel   Reproduktie van woordaccent.

Werkwijze   Luister naar deze woorden en herhaal ze. Let op het accent.

        U leest de woorden op, terwijl de cursisten meelezen. Daarna herhalen de cursisten de woorden.

Oefening A4

Doel   Verstaan van tekst 1: In een groentewinkel.

Werkwijze   Maak de tekst compleet. Zie les 1, oefening C5, p. 28.

Lessuggestie

Doel   Reproduktie van tekst 1: In een groentewinkel.

Werkwijze   Herhaal in de pauze de voorgaande zin. Zie 3.1.1, p. 15.

Opmerkingen   - Alleen de uitingen van de klant (mevrouw Van Zanden) moeten worden herhaald.

B **Tekst 2: In een schoenenwinkel**

Type	Luistertekst, dialoog.
Personen	Verkoopster, Fernando Quiros.
Relatie	Verkoopster en klant.
Stijl	Formeel.
Functies	Positief beoordelen; negatief beoordelen; voorkeur hebben.
Begrippen	Grootte.
Grammatica	Het aanwijzend voornaamwoord: deze, dit, die, dat.
Werkwijze	Zie 3.1.1, p. 15.
Opmerkingen	- Schoenmaten zijn evenals maten van kleding niet in ieder land hetzelfde. Informeer ernaar bij uw cursisten welke maten ze hanteren in hun land.
	- De gepauzeerde versie van deze tekst komt direct na de ongepauzeerde op de cassette.

Tekst 3: In een warenhuis

Type	Luistertekst, dialogen.
Personen	Verkoper, Marije Imberechts, verkoopster.
Relatie	Verkoper en klant.
Stijl	Formeel.
Functies	Negatief en positief beoordelen.
Begrippen	Grootte, aantal.
Grammatica	Het aanwijzend voornaamwoord: deze, dit, die, dat.
Werkwijze	Zie 3.1.1, p. 15.
Opmerkingen	- In tekst 3 spreekt Marije Imberechts met een Vlaams accent.
	- Er is geen gepauzeerde versie van de tekst opgenomen op de cassette.

Oefening B1

Doel	Begrip van tekst 2: In een schoenenwinkel en tekst 3: In een warenhuis.
Werkwijze	Kies het goede woord. Zie les 1, oefening D1, p. 29.

Positief beoordelen

Werkwijze	Zie 3.2, p. 18.
Opmerkingen	- Verwijs naar het kader 'positief beoordelen' in les 3 (p.36). Herhaal dit.
	- 'Het/dat valt mee' betekent dat iets beter is dan verwacht. 'Wel aardig' is gematigd positief.

Negatief beoordelen

Werkwijze	Zie 3.2, p. 18.
Opmerkingen	- Verwijs naar het kader 'negatief beoordelen' in les 3 (p. 36). Herhaal dit.

Oefening B2

Doel	Receptieve verwerking van 'positief en negatief beoordelen'.
Werkwijze	Is de reactie positief of negatief?
	Van een reeks zinsparen is steeds de tweede zin een positieve of negatieve reactie. De cursisten moeten aangeven of de reactie positief of negatief is.
Opmerkingen	- Geef aan dat het alleen om de <u>reactie</u> gaat (dus wat B zegt).
	- Leg de begrippen positief en negatief uit.
	- Wijs erop dat B een reactie geeft op A.

Voorkeur hebben

Werkwijze   Zie 3.2, p. 18.

Opmerkingen   - Vergelijk dit kader met het kader 'voorkeur hebben' uit les 3 (p. 34).

- In het gebruik is er weinig verschil tussen 'geeft u maar' en 'doet u maar'.

Oefening B3

Doel   Receptieve verwerking van 'vragen naar wensen van klanten en reactie' en 'voorkeur hebben'.

Werkwijze   Wat hoort bij elkaar? Zie les 1, oefening B1, p. 25.

Oefening B4

Doel   Produktieve verwerking van de woordenschat.

Werkwijze   Geef tegenstellingen.

De cursisten moeten het woord met de tegengestelde betekenis zoeken en opschrijven.

Opmerkingen   - Leg uit wat met 'tegenstelling' bedoeld wordt.

- Het gebruik van een woordenboek is hierbij toegestaan.

Het aanwijzend voornaamwoord: deze, dit, die, dat

Werkwijze   Zie 3.2, p. 18.

Opmerkingen   - Vermeld dat 'deze' en 'die' of 'dit' en 'dat' ook gebruikt worden voor dingen die allebei dichtbij zijn, om te contrasteren.

Bijvoorbeeld: Die broek is te kort; ik neem deze.

Oefening B5

Doel   Gericht luisteren.

Werkwijze   Hoe vaak hoort u 'die' en 'deze'?

De cursisten luisteren naar de cassette en turven 'deze' en 'die'.

Opmerkingen   - Laat de gepauzeerde versie van tekst 2 horen; dan hebben de cursisten meer tijd om te turven.

- Laat ze eventueel twee keer luisteren. De tweede keer moeten ze dan opnieuw turven.

- Als bij de bespreking blijkt dat niet alle vormen van 'deze' en 'die' gehoord zijn, kunt u de cursisten nog een keer laten luisteren.

Oefening B6

Doel   Produktieve verwerking van 'deze', 'die', 'dit', 'dat'.

Werkwijze   Vul in: 'deze', 'die', 'dit', 'dat'.

Opmerkingen   - Vermeld dat B een reactie geeft op A.

- Deze oefening kan mondeling of schriftelijk gedaan worden.

Lessuggestie

Doel   Reproduktie van tekst 2: In een schoenenwinkel.

Werkwijze   Herhaal in de pauze de voorgaande zin. Zie 3.1.1, p. 15.

Opmerkingen   - De cursisten moeten alleen de uitingen van Fernando Quiros herhalen.

C   **Tekst 4: Op de markt**

Type	Luistertekst, dialoog.
Personen	Verkoper, mevrouw Geel.
Relatie	Verkoper en klant.
Stijl	Formeel.
Functies	Vragen naar de prijs en reactie; vragen naar het gewicht en reactie.
Begrippen	Levensmiddelen; gewicht; geld.
Werkwijze	Zie 3.1.1, p. 15.
Opmerkingen	- Leg het begrip 'belegen' uit. Vertel dat er allerlei soorten Nederlandse kaas zijn: jong, jong belegen, belegen, pittig belegen, oud al naar gelang de kaas kort of lang heef gelegen (en gerijpt is).
	- De gepauzeerde versie van deze tekst komt direct na de ongepauzeerde op de cassette.

Oefening C1

Doel	Begrip van tekst 4: Op de markt.
Werkwijze	Zijn de zinnen waar of niet waar? Zie les 2, oefening B1, p. 35.

Vragen naar de prijs en reactie

Werkwijze	Zie 3.2, p. 18.
Opmerkingen	- De genoemde vragen en reacties zijn uitwisselbaar qua gebruik.

Vragen naar het gewicht en reactie

Werkwijze	Zie 3.2, p. 18.
Opmerkingen	- De varianten van deze functie die hier worden genoemd zijn uitwisselbaar qua gebruik.

Geld

Werkwijze	Zie 3.2, p. 18.
Opmerkingen	- Zeg dat je eventueel wel kunt zeggen 'vijf cent', 'tien cent', 'vijfentwintig cent', 'tachtig cent', maar niet '100 cent'.

Gewicht

Werkwijze	Zie 3.2, p. 18.

Lessuggestie

Doel	Verwerking van het begrip 'geld'.
Werkwijze	U leest enkele prijzen op en laat die noteren in cijfers, daarna schrijft u ze op het bord.

Oefening C2

Doel	Produktieve verwerking van 'vragen naar de prijs'.
Werkwijze	Maak de vragen compleet.
	De cursisten moeten de vragen aanvullen.
Opmerkingen	- Laat de cursisten zoveel mogelijk verschillende formules gebruiken.
	- Deze oefening kan het beste mondeling gedaan worden. Eventueel daarna schriftelijk.

Oefening C3

Doel	Produktieve verwerking van begrippen en functies uit deze les.
Werkwijze	Beantwoord de vragen. Zie les 1, oefening C9, p. 29.

Oefening C4

Doel	Verstaan van tekst 4: Op de markt.
Werkwijze	Maak de tekst compleet. Zie les 1, oefening C5, p. 28.

Lessuggestie

Doel	Reproduktie van tekst 4: Op de markt.
Werkwijze	Herhaal in de pauze de voorgaande zin. Zie 3.1.1, p. 15.
Opmerkingen	- De cursisten moeten alleen de uitingen van mevrouw Geel herhalen.

Tekst 5: Advertentie

Type	Leestekst, advertentie.
Werkwijze	Zie 3.1.2, p. 17.

Oefening C5

Doel	Zoekend lezen.
Werkwijze	Beantwoord de vragen. Zie les 2, oefening E1, p. 40.

D ### Tekst 6: Het eten in Nederland

Type	Leestekst.
Werkwijze	Zie 3.1.2, p. 17.
Opmerkingen	- Het gaat hier om een verhaal van Enrico uit Italië.
	- Naar aanleiding van deze tekst kunt u eventueel een discussie houden over het eten in Nederland en in het land van herkomst van de cursisten.

Oefening D1

Doel	Receptieve verwerking van woordenschat van tekst 6: Het eten in Nederland.
Werkwijze	Welk woord hoort er niet bij? Zie les 3, oefening D1, p. 46.

Oefening D2

Doel	Produktieve verwerking van 'levensmiddelen', 'gewicht' en 'aantal'.
Werkwijze	Maak het boodschappenlijstje af.
Opmerkingen	- Laat deze oefening schriftelijk doen.
	- De cursisten kunnen de lijstjes eventueel oplezen.
	- Schrijf onbekende woorden op het bord.

Oefening D3

Doel	Produktieve verwerking van begrippen en functies uit deze les.
Werkwijze	Wat zegt de klant?
	In de illustraties is aangegeven wat de verkoper zegt. De cursisten moeten de reactie van de klant bedenken.
Opmerkingen	- Deze oefening moet bij voorkeur twee aan twee gedaan worden. Vraag de cursisten zoveel mogelijk reacties te bedenken. U kunt ze eventueel vragen de reacties op te schrijven.

Lessuggestie

Doel   Produktieve verwerking van begrippen en functies uit deze les.
Werkwijze   Rollenspel.
                 Laat de cursisten een rollenspel doen: klant en verkoper.
Opmerkingen   - U kunt deze oefening wat sturen door aan te geven welk
                 produkt gekocht wordt, de hoeveelheid, de prijs enzovoort.

E   **Tekst 7: Winkelcentrum "Torenzicht"**

Type   Leestekst, folder.
Werkwijze   Globaal lezen. Zie 3.1.2, p. 17.

Oefening E1

Doel   Zoekend lezen.
Werkwijze   Beantwoord de vragen. Zie les 2, oefening E1, p. 40.

Introductie

'Hoe heet dat ook al weer?' is een van de varianten van de functie 'nadenken, naar je woorden zoeken'. Deze en hieraan verwante functies als 'bij het spreken om hulp vragen', 'iets niet weten', 'iets omschrijven' en 'corrigeren wat je zegt' staan in deze les centraal. Als thema is voor deze les gekozen: kleding. Daaraan gekoppeld zijn de begrippen 'kledingstukken', 'lengte', 'prijzen' en 'reparatie' en de functie 'vragen naar lengte en reactie', die allemaal aan de orde komen. De teksten in deze les betreffen: De etalage van een kledingzaak (met prijskaartjes), In de stomerij, Prijslijst van een stomerij, Bij een kleermaker, In een hakkenbar, Kleine rampen en Kleding aangeboden en gevraagd (advertenties). Bij de functie 'iets omschrijven' is een van de varianten 'zoiets'. 'Iets' en 'iemand' vormen dan ook een van de grammaticale onderwerpen van deze les. De overige onderwerpen zijn: het bezittelijk voornaamwoord, 'die' en 'dat' en de ontkenning 'niet'.

Voorbereiding

Als voorbereiding op deze les kunt u de cursisten vragen stellen als: Kent u de naam van kledingstukken in het Nederlands? Wat is een kleermaker? Gaat u wel eens naar een kleermaker? Maakt u zelf kleren? Draagt men in uw land andere kleren dan in Nederland?

A   **Tekst 1: De etalage van een kledingzaak**

Type	Leestekst, prijskaartjes.
Werkwijze	De betekenis van de woorden achterhalen.
Begrippen	Kledingstukken; prijzen.
Opmerkingen	- De cursisten kunnen de betekenis proberen te vinden door naar de illustraties te kijken. Als ze er niet achter komen wijst u dan het kledingstuk bij uzelf of bij een van de cursisten aan.
	Eventueel de betekenis laten controleren in een woordenboek.
	- Laat de cursisten de woorden in hun alfabetschrift schrijven.

Oefening A1

Doel	Receptieve verwerking van tekst 1: De etalage van een kledingzaak.
Werkwijze	Beantwoord de vragen. Zie les 1, oefening C9, p. 29.

Tekst 2: In de stomerij

Type	Luistertekst, dialoog.
Personen	Simon Vis, bediende.
Relatie	Klant en dienstverlener.
Stijl	Formeel.
Functies	Nadenken, naar je woorden zoeken.
Begrippen	Kledingstukken.
Grammatica	'Die' en 'dat'; het bezittelijk voornaamwoord: alle vormen.
Werkwijze	Zie 3.1.1, p. 15.
Opmerkingen	- Van deze tekst is geen gepauzeerde versie opgenomen op de cassette.

Oefening A2

Doel   Begrip van tekst 2: In de stomerij.

Werkwijze   Kies het goede antwoord. Zie les 1, oefening C1, p. 26.

Nadenken, naar je woorden zoeken

Werkwijze   Zie 3.2, p. 18.

Opmerkingen   - 'Nou', 'Eens kijken'en 'Even kijken' zijn een soort opvullers. 'Hoe heet dat (ook al weer)?' zeg je als je niet op de naam van iets kunt komen.

Oefening A3

Doel   Receptieve verwerking van 'nadenken, naar je woorden zoeken'.

Werkwijze   Kies de goede reactie. Zie les 1, oefening A1, p. 23.

'Die' en 'dat'

Werkwijze   Zie 3.2, p. 18.

Opmerkingen   - Leg uit dat 'die' in plaats komt van 'ze/zij/hij' of van een de-woord en 'dat' in plaats van 'het'.

Oefening A4

Doel   Receptieve verwerking van 'die' en 'dat'.

Werkwijze   Kies het goede antwoord. Zie les 1, oefening C1, 25.

Oefening A5

Doel   Receptieve verwerking van de woordenschat uit tekst 1: De etalage van een kledingzaak.

Werkwijze   Hangen de volgende kleren wel of niet aan de lijn? De cursisten moeten aangeven welke kledingstukken aan de lijn hangen door achter de naam van het kledingstuk 'wel' of 'niet' aan te strepen.

Opmerkingen   - U kunt eventueel de kledingstukken laten benoemen die niet in de oefening staan, maar wel aan de lijn hangen.

Het bezittelijk voornaamwoord: alle vormen

Werkwijze   Zie 3.2, p. 18.

Opmerkingen   - Wijs op de verschillen tussen schrijfwijze en uitspraak van 'mijn', 'zijn' en 'haar'.
 - Leg uit dat 'ons' bij het-woorden wordt gebruikt en 'onze' bij de-woorden.

Oefening A6

Doel   Verwerking van het bezittelijk voornaamwoord.

Werkwijze   Vul in: mijn, je/jouw, uw, zijn, haar.

Opmerkingen   - Deze oefening moet bij voorkeur twee aan twee (A en B) gedaan worden.

Oefening A7

Doel   Verstaan van tekst 2: In de stomerij.

Werkwijze   Maak de tekst compleet. Zie les 1, oefening C5, p. 28.

Tekst 3: Prijslijst stomerij

Type	Leestekst, prijslijst.
Werkwijze	Zie 3.1.1, p. 15.
Begrippen	Kledingstukken; prijzen.
Opmerkingen	- Vermeld dat pantalon, japon, jumper en mantel formele, in het dagelijks taalgebruik nauwelijks gebruikte woorden zijn. Je ziet ze echter wel altijd op prijskaartjes, in advertenties en dergelijke!

Oefening A8

Doel	Receptieve verwerking van de woordenschat van tekst 3: In de stomerij.
Werkwijze	Wat betekent hetzelfde? De cursisten moeten synoniemen kiezen uit drie woorden.

Lessuggestie

Doel	Produktieve verwerking van tekst 3: In de stomerij.
Werkwijze	U stelt mondeling vragen aan de cursisten: Wat kost het stomen van een blouse, rok enzovoort? Welke kledingstukken kun je voor ƒ 15,95 laten stomen? Welke voor ƒ 7,95?
Opmerkingen	- U kunt ook synoniemen gebruiken: Wat kost het stomen van een jurk, broek enzovoort?

B

Tekst 4: Bij de kleermaker

Type	Luistertekst, dialoog.
Personen	Ulla Svensson, kleermaker.
Relatie	Klant en dienstverlener.
Stijl	Formeel.
Functies	Bij het spreken om hulp vragen; iets omschrijven; vragen naar lengte en reactie.
Begrippen	Lengte; reparatie.
Grammatica	Onbepaalde voornaamwoorden: iets en iemand.
Werkwijze	Zie 3.1.1, p. 15.
Opmerkingen	- Leg uit dat het hier om een kleermaker gaat in de zin van iemand die reparaties aan kleding verricht. - De gepauzeerde versie van deze tekst volgt onmiddellijk op de ongepauzeerde.

Oefening B1

Doel	Begrip van tekst 4: Bij de kleermaker.
Werkwijze	Kies het goede antwoord. Zie les 1, oefening C1, p. 26.

Bij het spreken om hulp vragen

Werkwijze	Zie 3.2, p. 18.
Opmerkingen	- 'Hoe moet ik dat zeggen?' en 'Hoe zeg je dat (in het Nederlands?)' gebruik je om te vragen hoe je iets kunt uitdrukken in het Nederlands. 'Zeg je dat zo in het Nederlands?' is een soort controlevraag naar aanleiding van een begrip dat onbekend is.

Iets omschrijven

Werkwijze	Zie 3.2, p. 18.
Opmerkingen	- 'Zo'n' geeft een vage aanduiding van iets ('zo'n plooi') of wordt gebruikt in combinatie met een gebaar ('ongeveer zo'n stukje'). 'Zoiets' hoort bij dingen, 'zoiemand' bij personen.

Oefening B2

Doel	Receptieve verwerking van de functie 'bij het spreken om hulp vragen'.
Werkwijze	Kies de goede reactie. Er worden een aantal situaties geschetst met daarbij de vraag 'Wat zegt u?' De cursist moet uit drie alternatieven de adequate reactie kiezen.
Opmerkingen	- Deze oefening kan het best individueel gedaan worden.

Vragen naar lengte en reactie

Werkwijze	Zie 3.2, p. 18.
Opmerkingen	- Normaal zeg je 'Hoe groot/lang is ...?'; officiëler is 'Wat is de lengte van ...?'

Lengtematen

Werkwijze	Zie 3.2, p. 18.
Opmerkingen	- Niet in alle landen wordt er in het metrieke stelsel gerekend. Informeer bij uw cursisten wat in hun land gebruikelijk is.

Onbepaalde voornaamwoorden: iets en iemand

Werkwijze	Zie 3.2, p. 18.

Oefening B3

Doel	Produktieve verwerking van 'iets' en 'iemand'.
Werkwijze	Vul in: 'iets' of 'iemand'.
Opmerkingen	- Deze oefening moet bij voorkeur schriftelijk gedaan worden.

Oefening B4

Doel	Produktieve verwerking van 'iemand beschrijven', 'kleding' en 'kleur'.
Werkwijze	Geef een beschrijving van ...
Opmerkingen	- U kunt deze oefening mondeling en/of schriftelijk laten maken.

Oefening B5

Doel	Produktieve verwerking van 'lengte'.
Werkwijze	Beantwoord de vragen. Zie les 1, oefening C9, p. 29.

Oefening B6

Doel	Verstaan van tekst 4: Bij de kleermaker.
Werkwijze	Maak de tekst compleet. Zie les 1, oefening C5, p. 28.

Lessuggestie

Doel	Produktieve verwerking van 'kleding', 'kleuren' en 'iemand beschrijven'.
Werkwijze	Laat de cursisten elkaar twee aan twee beschrijven. Ze moeten elkaar eerst bekijken en dan met de ruggen tegen elkaar aan gaan staan. Als ze niet meer weten hoe iets eruit ziet, moeten ze dat vragen. Bijvoorbeeld: Heb je bruine schoenen? (Nee. zwarte). Dit kan meerdere keren gedaan worden, steeds met een andere cursist.

Lessuggestie

Doel	Reproduktie van tekst 4: Bij de kleermaker.
Werkwijze	Herhaal in de pauze de voorgaande zin. Zie 3.1.1, p. 15.
Opmerkingen	- De cursisten moeten alleen de uitingen van Ulla Svensson herhalen.

C   **Tekst 5: In een hakkenbar**

Type	Luistertekst, dialoog.
Personen	Tilly Andringa, schoenmaker.
Relatie	Klant en dienstverlener.
Stijl	Formeel.
Functies	Corrigeren wat je zegt; iets niet weten.
Begrippen	Reparatie; prijzen.
Grammatica	Ontkenning: niet.
Werkwijze	Zie 3.1.1, p. 15.
Opmerkingen	- De schoenmaker spreekt met een Haags accent.
	- Er staan enkele idiomatische uitdrukkingen in die toelichting nodig hebben: zeker weten, geen idee, wat mankeert eraan?
	- De gepauzeerde versie van deze tekst komt direct na de ongepauzeerde versie op de cassette.

Oefening C1

Doel	Begrip van tekst 5: In een hakkenbar.
Werkwijze	Kies het goede antwoord. Zie les 1, oefening C1, p. 26.

Corrigeren wat je zegt

Werkwijze	Zie 3.2, p. 18.
Opmerkingen	- 'Nee, ik bedoel ...' is sterker dan '... of liever gezegd ...'.

Oefening C2

Doel	Produktieve verwerking van 'corrigeren wat je zegt'.
Werkwijze	Bedenk een goede reactie.
	De cursisten moeten zinnen aanvullen met behulp van het woord in het wolkje.

Iets niet weten

Werkwijze	Zie 3.2, p. 18.
Opmerkingen	- 'Dat weet ik niet' en 'Ik weet het niet' zijn neutraal. 'Geen idee' kan alleen worden gebruikt in informele situaties.

Oefening C3

Doel	Receptieve verwerking van 'iets niet weten'.
Werkwijze	Beantwoord de vragen met 'ja', 'nee' of 'dat weet ik niet'.
Opmerkingen	- Deze oefening kan twee aan twee of individueel gedaan worden.

Oefening C4

Doel	Herkennen van intonatiepatronen.
Werkwijze	Let op de intonatie. Zie les 1, oefening C6, p. 29.

Ontkenning: niet

Werkwijze	Zie 3.2, p. 18.
Opmerkingen	- Verwijs naar de andere kaders over de negatie (niet) in les 2 en 3. Herhaal deze eventueel.

Oefening C5

Doel   Produktieve verwerking van het persoonlijk voornaamwoord als niet-onderwerp.

Werkwijze   Vul in: hem/haar/het/jullie/ze. Zie les 4, oefening B5, p. 50.

Oefening C6

Doel   Produktieve verwerking van begrippen en functies uit deze les.

Werkwijze   Beantwoord de vragen. Zie les 1, oefening C9, p. 29.

Lessuggestie

Doel   Reproduktie van tekst 5: In een hakkenbar.

Werkwijze   Herhaal in de pauze de voorgaande zin. Zie 3.1.1, p. 15.

Opmerkingen   - De cursisten herhalen alleen de rol van Tilly Andringa.

D   **Tekst 6: Kleine rampen**

Type   Leestekst.

Werkwijze   Zie 3.1.2, p. 17.

Opmerkingen   - In deze tekst komt een aantal keren 'je' voor, gebruikt in algemene zin. Licht dit toe.

                   - Leg uit wat 'aan de hand zijn', 'van binnen koken' en 'een ongeluk komt nooit alleen' betekenen.

Oefening D1

Doel   Begrip van tekst 6: Kleine rampen.

Werkwijze   Beantwoord de vragen. Zie les 4, oefening D5, p. 53.

E   **Tekst 7: Kleding aangeboden en gevraagd**

Type   Leestekst, advertenties.

Werkwijze   Globaal lezen. Zie 3.1.2, p. 17.

Oefening E1

Doel   Zoekend lezen.

Werkwijze   Beantwoord de vragen. Zie les 2, oefening E1, p. 40.

4.7 **LES 7:** **BENT U HIER BEKEND?**

Introductie

Het thema van deze les is: reizen en verkeer. Hierbij komen functies aan de orde als 'de weg vragen', 'de weg wijzen' en 'iemand aanspreken'. Deze functies worden gepresenteerd in tekst 1 (Op straat). De begrippen die hierbij een rol spelen zijn 'oriëntatie', 'richting' en 'plaatsaanduiding'. In tekst 2 (Op het station) worden de functies 'controlevragen stellen', 'reactie op bedanken' en 'vragen naar de tijd en reactie' geïntroduceerd en de begrippen 'openbaar vervoer', 'plaatsaanduiding' en 'klok'. 'Waarnaartoe' en 'waarheen' vormen het grammaticale onderdeel dat daaraan gekoppeld is. In tekst 3 (In de tram) wordt de functie 'zich excuseren' aangeboden met daarbij als grammaticaal onderwerp het wederkerend voornaamwoord. De begrippen 'openbaar vervoer' en 'situering in de tijd: heden en verleden' komen daarbij ook aan de orde, evenals de voltooid tegenwoordige tijd. De begrippen die betrekking hebben op het thema van deze les zijn verder verwerkt in een tekst over het openbaar vervoer (tekst 4: Zones en strippen) en in tekst 5 (Dienstregeling).

Voorbereiding

U kunt als inleiding op het thema reizen en verkeer een gesprek aangaan over reizen en openbaar vervoer. Mogelijke vragen daarbij zijn: Reist u vaak? Hoe? (per trein, bus, auto, enzovoort). Waarnaartoe? Hoe komt u naar de cursus? Wat vindt u van het openbaar vervoer in Nederland? Hoe is het openbaar vervoer in uw land?

A **Tekst 1: Op straat**

Type	Luistertekst, dialogen.
Personen	Janneke Lamar, Cora Addicks, Bertus Venema.
Relatie	Onbekenden.
Stijl	Formeel.
Functies	Iemand aanspreken; de weg vragen; de weg wijzen.
Begrippen	Oriëntatie: de weg wijzen/vragen; richting; plaatsaanduiding.
Werkwijze	Zie 3.1.1, p. 15.
Opmerkingen	- De gepauzeerde versie van deze tekst komt direct na de ongepauzeerde versie op de cassette.

Oefening A1

Doel	Begrip van tekst 1: Op straat.
Werkwijze	Zijn de zinnen waar of niet waar? Zie les 2, oefening B1, p. 35.

Iemand aanspreken

Werkwijze	Zie 3.2, p. 18.

De weg vragen

Werkwijze	Zie 3.2, p. 18.
Opmerkingen	- 'Bent u hier bekend' kan gebruikt worden als introductie op een van de volgende vragen: 'Waar is ...', 'Weet u waar ...is', 'Ik zoek ...'.
	- 'Weet u waar ... is?' en 'Ik zoek ...' zijn beleefder dan 'Waar is ...?'

De weg wijzen
Werkwijze   Zie 3.2, p. 18.

Oriëntatie: de weg wijzen/vragen
Werkwijze   Zie 3.2, p. 18.

Oefening A2
Doel   Receptieve verwerking van 'richting', 'de weg wijzen'.
Werkwijze   Kies het goede antwoord. Zie les 2, oefening C2, p. 37.

Oefening A3
Doel   Produktieve verwerking van 'de weg vragen'.
Werkwijze   Wat zegt u?
                De cursisten moeten zinnen afmaken waarin ze vragen naar een plaats. De plaats is gegeven.
Opmerkingen   - Laat de cursisten verschillende manieren van de functie 'de weg vragen' gebruiken.

Oefening A4
Doel   Produktieve verwerking van 'de weg wijzen'.
Werkwijze   Wijs de weg.
                Op een plattegrond zijn verschillende gebouwen en straatnamen aangegeven. Vanuit het beginpunt vraagt een cursist de weg. Een tweede cursist zegt hoe hij/zij moet gaan, terwijl de eerste de route met de vinger volgt of met potlood de route op de plattegrond tekent.

Oefening A5
Doel   Verstaan van tekst 1: Op straat.
Werkwijze   Maak de tekst compleet. Zie les 1, oefening C5, p. 28.

Lessuggestie
Doel   Reproduktie van tekst 1: Op straat.
Werkwijze   Herhaal in de pauze de voorgaande zin. Zie 3.1.1, p. 15.
Opmerkingen   - Alle uitingen moeten herhaald worden.

B   **Tekst 2: Op het station**
Type   Luistertekst, dialoog.
Personen   David Snoek, lokettiste.
Relatie   Klant en verkoper.
Stijl   Formeel.
Functies   Controlevragen stellen; reactie op bedanken; vragen naar de tijd en reactie.
Begrippen   Openbaar vervoer; plaatsaanduiding; de klok.
Grammatica   'Waarnaartoe' en 'waarheen'.
Opmerkingen   - Wijs op de kaart (Appendix 1 van het tekstboek) Arnhem en Haarlem aan.
                - David Snoek vertrekt van een redelijk groot station (er zijn zeven sporen) en er rijden regelmatig treinen naar Haarlem.
                - De lokettiste zegt de eerste keer 'spoor zeuven'. Wijs de cursisten erop dat in dit soort situaties (spreken door een microfoon) wel eens 'zeuven' gezegd wordt omdat 'zeven' verward zou kunnen worden met 'negen'.
                - De gepauzeerde versie van deze tekst volgt direct op de ongepauzeerde versie op de cassette.

Oefening B1

Doel   Begrip van tekst 2: Op het station.
Werkwijze   Kies het goede antwoord. Zie les 1, oefening C1, p. 26.

Controlevragen stellen

Werkwijze   Zie 3.2, p. 18.
Opmerkingen   - De cursief gedrukte tekst 'Herhaling met vragende intonatie'
                en 'Vraag met accent op het vraagwoord' geven aan hoe de
                functie 'controlevragen' impliciet kan worden gerealiseerd. In
                het voorbeeld (Elk half uur, zegt u?) is aan de herhaling nog
                'zegt u' toegevoegd. Dit is heel gebruikelijk.

Oefening B2

Doel   Produktieve verwerking van 'controlevragen stellen'.
Werkwijze   Maak de dialogen compleet. Zie les 4, oefening B6, p. 50.

Reactie op bedanken

Werkwijze   Zie 3.2, p. 18.
Opmerkingen   - 'Graag gedaan' kan gebruikt worden in vrijwel alle situaties,
                informeel en formeel. 'Tot uw dienst' is formeel, en wordt
                vooral gebruikt als iemand bedankt wordt voor een bewezen
                dienst.

'Waarnaartoe' en 'waarheen'

Werkwijze   Zie 3.2, p. 18.
Opmerkingen   - Leg uit dat 'waarnaartoe' en 'waarheen' vraagwoorden van
                richting zijn. 'Naartoe' en 'heen' komen in de plaats van het
                voorzetsel en de plaatsnaam:
                          —Ik ga **naar** Haarlem.   —**Waar** ga je **naartoe**?
                Vergelijk: —Ik woon **in** Haarlem.   —**Waar** woon je?
                - 'Naartoe' en 'waarheen' worden gesplitst van 'waar' als er
                meerdere zinsdelen zijn.

Oefening B3

Doel   Verwerking van de woordenschat uit deze les.
Werkwijze   Maak de tekst compleet.
                Op de open plekken moeten woorden worden ingevuld die in
                de illustraties zijn afgebeeld.

Oefening B4

Doel   Verstaan van tekst 2: Op het station.
Werkwijze   Maak de tekst compleet. Zie les 1, oefening C5, p. 28.

De klok

Werkwijze   Zie 3.2, p. 18.
Opmerkingen   - De manier waarop in verschillende talen de tijden worden
                benoemd, is nogal uiteenlopend. Vertellen hoe laat het is
                levert dan ook vaak problemen op in een andere taal.
                Informeer ernaar hoe het systeem in de taal van de cursisten
                is. Het Engelse 'half three' bijvoorbeeld is 15.30 uur (half past
                three).
                - U kunt vermelden dat bij officiële tijdmeldingen een andere
                manier wordt gehanteerd: 14.30 uur, 20.53 uur. Ook dit
                'doortellen' is niet in iedere taal gebruikelijk.

Vragen naar de tijd en reactie

Werkwijze   Zie 3.2, p. 18.

Oefening B5
Doel   Receptieve verwerking van kloktijden, matching-oefening.
Werkwijze   Wat hoort bij elkaar?
De cursisten moeten een zin met een tekening van een klok waarop een tijd is afgebeeld, combineren.

Oefening B6
Doel   Receptieve verwerking van kloktijden.
Werkwijze   U noemt enkele tijden, de cursisten tekenen de wijzers in de klokken.
Opmerkingen   - Tijden:
1 Het is drie uur.
2 Het is kwart voor tien.
3 Het is half twaalf.
4 Het is kwart over vijf.
5 Het is vijf over half acht.
6 Het is tien voor twee.

Oefening B7
Doel   Produktieve verwerking van kloktijden.
Werkwijze   Hoe laat is het?
De cursisten moeten aangeven hoe laat het is op de klokken.

Lessuggestie
Doel   Reproduktie van tekst 2: Op het station.
Werkwijze   Herhaal in de pauze de voorgaande zin. Zie 3.1.1, p. 15.
Opmerkingen   - Alleen de uitingen van David Snoek moeten herhaald worden.

C   Tekst 3: In de tram
Type   Luistertekst, dialoog.
Personen   Jacques Pilot, controleur.
Relatie   Reiziger, controleur.
Stijl   Formeel.
Functies   Zich excuseren.
Begrippen   Openbaar vervoer; situering in de tijd: heden en verleden.
Grammatica   Het wederkerend voornaamwoord: alle vormen; de voltooid tegenwoordige tijd.
Werkwijze   Zie 3.1.1, p. 15.
Opmerkingen   - In Nederland rijden er in enkele grote steden (Amsterdam, Rotterdam, Den Haag, Utrecht) behalve bussen ook trams.
- In de tram (en in sommige bussen) moet je zelf je strippenkaart afstempelen. Wie dit niet doet, rijdt gratis mee! Dat is officieel verboden en heet 'zwart rijden'. Bewust te weinig afstempelen heet 'grijs rijden'. Om dit te voorkomen heeft men controleurs ingezet die de kaartjes controleren in trams en de metro.
- Als legitimatie kun je in Nederland een paspoort of een rijbewijs gebruiken.
- Van deze tekst is geen gepauzeerde versie opgenomen op de cassette.

Oefening C1
Doel   Begrip van tekst 3: In de tram.
Werkwijze   Kies het goede antwoord. Zie les 1, oefening C1, p. 26.

Zich excuseren
Werkwijze   Zie 3.2, p. 18.
Opmerkingen   - 'Sorry' is vrij informeel.
                - 'Neem me niet kwalijk' is informeel en 'Neemt u me niet kwalijk' formeel.

Oefening C2
Doel   Produktieve verwerking van de functie 'zich excuseren'.
Werkwijze   Wat zegt u in deze situaties? Zie les 1, oefening C9, p. 29.

De voltooid tegenwoordige tijd
Werkwijze   Zie 3.2, p. 18.
Opmerkingen   - Bij rapportages over handelingen en gebeurtenissen die in het verleden hebben plaatsgevonden, wordt in de meeste gevallen de voltooid tegenwoordige tijd gebruikt. Het verschil in gebruik tussen de voltooid tegenwoordige tijd en de onvoltooid verleden tijd is moeilijk aan te geven (zie les 13).
                - In deze les beperken we ons tot de vorming van de voltooid tegenwoordige tijd en tot het herkennen van deze vormen in een tekst.
                - Het gaat hier om de voltooid tegenwoordige tijd van regelmatige werkwoorden. Voor de vormen van de onregelmatige werkwoorden kunt u verwijzen naar Appendix 3 van het tekstboek.
                - Leg aan de hand van de illustratie uit het woordenboek uit hoe de cursisten de werkwoordstijden in het woordenboek kunnen vinden.

Het wederkerend voornaamwoord: alle vormen
Werkwijze   Zie 3.2, p. 18

Oefening C3
Doel   Receptieve verwerking van de vorming van de voltooid tegenwoordige tijd.
Werkwijze   De cursisten moeten in de tekst de hulpwerkwoorden en voltooid deelwoorden onderstrepen en de infinitief die bij het voltooid deelwoord hoort opschrijven.

Oefening C4
Doel   Herkennen van zinsaccenten.
Werkwijze   Let op het accent. Zie les 3, oefening B3, p. 44.

Oefening C5
Doel   Produktieve verwerking van 'aanspreken', 'de weg vragen', 'bedanken', enzovoort.
Werkwijze   Wat zegt u in deze situaties?
                Er worden enkele situaties geschetst. De cursisten moeten aangeven wat ze in die situatie zouden zeggen. Ze kunnen daarbij de kaders over de betreffende functies raadplegen.

Opmerkingen	- Laat de cursisten op zoveel mogelijk verschillende manieren reageren.
	- Deze oefening kan individueel of in tweetallen gedaan worden.

D   **Tekst 4: Zones en strippen**

Type	Leestekst.
Begrippen	Openbaar vervoer.
Werkwijze	Zie 3.1.2, p. 17.
Opmerkingen	- Vertel dat de Bijlmer een wijk in Amsterdam is.

Oefening D1

Doel	Begrip van tekst 4: Zones en strippen.
Werkwijze	Beantwoord de vragen. Zie les 4, oefening D5, p. 53.
Opmerkingen	- Vertel dat Noord, Zuid, West, Oost en Centrum aanduidingen zijn voor gedeelten van de stad Amsterdam en dat Amstelveen een plaats vlakbij Amsterdam is.

E   **Tekst 5: Dienstregeling**

Type	Leestekst.
Werkwijze	Zie 3.1.2, p. 17.
Opmerkingen	- Vertel dat Naarden en Bussum plaatsen in Nederland zijn (zie Appendix 1 van het tekstboek).
	- In dienstregelingen van het openbaar vervoer werkt men met de tijdsaanduidingen 20.15 uur, 13.10 uur, enzovoort.

Oefening E1

Doel	Zoekend lezen.
Werkwijze	Beantwoord de vragen. Zie les 2, oefening E1, p. 40.
Opmerkingen	- Naar aanleiding van deze oefening kunt u vragen stellen over het openbaar vervoer in het land van de cursisten.

Oefening E2

Doel	Zoekend lezen.
Werkwijze	Beantwoord de vragen. Zie les 2, oefening E1, p. 40.
Opmerkingen	- Licht zo nodig de begrippen op de kaartjes toe: eerste klas, tweede klas, retour, enkele reis.

Introductie

Zoals de titel van deze les aangeeft, komen in deze les de taalhandelingen aan de orde die nodig zijn om te kunnen telefoneren. Er zijn enkele telefoongesprekken opgenomen, waarvan er twee de functie 'informatie vragen' bevatten (Paula Burdova belt de postbank op en 008 bellen). De overige functies die in deze les behandeld worden zijn 'iets beleefd vragen' (tekst 8: 008 bellen) en 'iemand verzoeken iets te doen' (tekst 2: Een pakje versturen). Deze functies zijn geplaatst in de context van het postkantoor en de bank, twee aspecten van het thema 'diensten' dat in deze les centraal staat. Woorden die met 'post', 'telefoon' en 'bank' te maken hebben, komen nog eens terug in de leesteksten (tekst 3: De PTT, tekst 9: De telefoongids en tekst 10: Kinderpostzegelaktie.)

De grammaticale onderwerpen van deze les zijn: 'er' en 'daar' als plaatsaanduiding en het samengestelde werkwoord (opbellen, doorverbinden, doorsturen, opnemen).

Voorbereiding

Als inleiding op deze les kunt u ingaan op het thema 'post' en 'bank' en op de functie 'telefoneren'. U kunt de cursisten vragen stellen als: Komt u vaak op een postkantoor? Wat doet u daar? En bij een bank? Wat zegt u als u de telefoon opneemt? Hebt u wel eens een telefoongesprek in het Nederlands? Belt u regelmatig op naar uw land? Kan dat makkelijk?

A   **Tekst 1: Postzegels kopen**

Type	Luistertekst, dialoog.
Personen	Meneer Banza, lokettiste.
Relatie	Klant en dienstverlener.
Stijl	Informeel.
Begrippen	Post.
Werkwijze	Zie 3.1.1, p. 15.
Opmerkingen	- In deze tekst worden de functies 'betalen', 'vragen naar de prijs' herhaald. Herhaal eventueel de verschillende manieren om te vragen naar de prijs (Hoeveel kost het? Hoeveel is dat? Wat kost het?) en om de prijs te noemen (Dat is dan ƒ 18,55 bij elkaar, Met ƒ 6,45). Verwijs eventueel naar het kader in les 5.
	- Het kan zijn dat op het moment dat u deze les behandelt, de tarieven van de PTT niet meer kloppen met de hier gegeven tarieven.
	- De gepauzeerde versie van tekst 1 komt direct na de ongepauzeerde versie op de cassette.

Oefening A1

Doel	Begrip van tekst 1: Postzegels kopen.
Werkwijze	Zijn de zinnen waar of niet waar? Zie les 2, oefening B1, p. 35.

Tekst 2: Een pakje versturen

Type	Luistertekst, dialoog.
Personen	Mevrouw Vandenberghe, lokettist.
Relatie	Klant en dienstverlener.
Stijl	Formeel.
Functies	Iemand verzoeken iets te doen.
Begrippen	Post.
Grammatica	'Er' en 'daar': plaats.
Werkwijze	Zie 3.1.1, p. 15.
Opmerkingen	- Mevrouw Vandenberghe heeft een Vlaams accent.
	- Wijs België aan op de kaart van Appendix 1 (tekstboek).
	- Van deze tekst is geen gepauzeerde versie opgenomen op de cassette.

Oefening A2

Doel	Begrip van tekst 2: Een pakje versturen.
Werkwijze	Kies het goede antwoord. Zie les 1, oefening C1, p. 26.
Opmerkingen	- Wijs erop dat er bij vraag 1 twee dingen gekozen moeten worden uit de vijf die er staan.

Tekst 3: De PTT

Type	Leestekst, woordenschat.
Werkwijze	- De cursisten moeten de betekenis van de woorden achterhalen. Laat ze dit eerst proberen door te kijken naar de plaatjes die erbij staan. Als ze de betekenis nog niet weten, probeer dan of ze de betekenis kunnen afleiden vanuit de woordvorm. Als dit niets oplevert, laat ze de betekenis dan opzoeken in het woordenboek. Maak de cusisten opmerkzaam op de manier waarop sommige woorden zijn opgebouwd: samengestelde woorden kunnen onder andere gevormd worden door twee zelfstandige naamwoorden met elkaar te verbinden. In sommige gevallen geeft het informatie over de betekenis van een woord als je de verschillende delen waaruit dat woord bestaat apart bekijkt (bijvoorbeeld postkantoor, telefoongids,); dit is echter niet altijd zo (bijvoorbeeld handtekening, krantekop).

Iemand verzoeken iets te doen

Werkwijze	Zie 3.2, p. 18.
Opmerkingen	- 'Kunt u ...' is iets minder beleefd dan 'zou u kunnen/willen ...', maar beide uitdrukkingen zijn geschikt om zowel in informele als in formele situaties te gebruiken.

'Er' en 'daar': plaats

Werkwijze	Zie 3.2, p. 18.
Opmerkingen	- Leg uit dat plaatsbepalingen (in Utrecht, op school, in het café) kunnen worden vervangen door 'er' of 'daar'.
	- U kunt bij de uitleg enkele zinnen onder elkaar op het bord zetten om duidelijk aan te geven wat 'er' en 'daar' vervangen. Ook de woordvolgorde wordt dan inzichtelijker: alleen 'daar' kan ook op de eerste plaats in de zin komen, 'er' (als plaatsbepaling) niet.

Jan	woont	in Utrecht.	
Ik	woon	er	ook.
Ik	woon	daar	al tien jaar.
Daar	woon	ik	ook al tien jaar.

Oefening A3

Doel | Receptieve verwerking van 'er' en 'daar' (plaats).
Werkwijze | Kies de goede zin.
 | Van de drie gegeven zinnen met 'er' is er slechts één waar 'er' op de juiste plaats staat. Deze zin moet worden aangekruist.

Oefening A4

Doel | Produktieve verwerking van de functies en begrippen uit tekst 1: Postzegels kopen en tekst 2: Een pakje versturen.
Werkwijze | Maak de dialogen compleet. Zie les 4, oefening B6, p. 50.

Oefening A5

Doel | Verwerking van woordenschat met betrekking tot het begrip 'post', matching-oefening.
Werkwijze | Maak combinaties van twee woorden.
 | Een woord uit de linker kolom moet gecombineerd worden met een woord uit de rechter kolom en tot een samengesteld woord worden gemaakt.
Opmerkingen | - Er zijn verschillende mogelijkheden.

Oefening A6

Doel | Herkennen van woordaccent.
Werkwijze | Welk woorddeel heeft accent? Zie les 4, oefening D3, p. 53.

Oefening A7

Doel | Zoekend lezen.
Werkwijze | Beantwoord de vragen. Zie les 2, oefening E1, p. 40.
Opmerkingen | - Wijs Groningen, Engeland en België aan op een kaart.

Lessuggestie

Doel | Produktieve verwerking van begrippen en functies uit blok A.
Werkwijze | Rollenspel: klant en lokettist.
Opmerkingen | - Geef aanwijzingen wat de cursisten moeten zeggen, bijvoorbeeld de klant: heeft een pakje van 150 gram dat naar Frankrijk moet en een luchtpostbrief van 20 gram voor Indonesië. Hij/zij vraagt hoeveel het versturen van het pakje kost en hoevel er op de brief moet. De lokettist weegt het pakje en zoekt in de tabel met tarieven (zie oefening A7) de prijs op. Daarna betaalt de klant en de lokettist geeft eventueel wisselgeld terug.

Lessuggestie

Doel | Reproduktie van tekst 1: Postzegels kopen.
Werkwijze | Herhaal in de pauze de voorgaande zin. Zie 3.1.1, p. 15.
Opmerkingen | - Alleen dat wat de heer Banza zegt, moet herhaald worden.

B   **Tekst 4: Joan Appelhof belt op**

Type	Luistertekst, telefoongesprekken.
Personen	Jan Peter, mevrouw De Waard, Joan Appelhof.
Relatie	Zoon en moeder, vriendin.
Stijl	Informeel.
Functies	Telefoneren.
Begrippen	Telefoon.
Werkwijze	Zie 3.1.1, p. 15.
Opmerkingen	- Tekst 4 en 5 staan achter elkaar op de cassette. Er zijn geen gepauzeerde versies van deze twee teksten.

Tekst 5: Anna Mertens belt op

Type	Luistertekst, telefoongesprek.
Personen	Jan Veenstra, Anna Mertens.
Relatie	Onbekenden.
Stijl	Formeel.
Functies	Telefoneren.
Begrippen	Telefoon.
Werkwijze	Zie 3.1.1, p. 15.

Telefoneren

Werkwijze	Zie 3.2, p. 18.
Opmerkingen	- De manier waarop mensen zich uitdrukken bij het aannemen van de telefoon verschilt per land. Soms zegt men alleen 'ja' of 'hallo'. In het Nederlands is dit niet gebruikelijk, maar zeg je altijd je naam.
	- 'Met (mevrouw/meneer) + achternaam' is formeel, het is minder formeel om de voornaam en de achternaam te zeggen.
	- Het is in sommige kringen in Nederland gebruikelijk om alleen de voornaam te noemen als je de telefoon aanneemt. Adviseer uw cursisten voornaam + achternaam of alleen achternaam te noemen.
	- 'U/je spreekt met' is vrij formeel, alleen 'met x' of 'x' is echter ook beleefd.

Oefening B1

Doel	Receptieve verwerking van 'telefoneren', matching-oefening.
Werkwijze	Wat hoort bij elkaar? Zie les 1, oefening B1, p. 25.
Opmerkingen	- Er zijn meerdere mogelijkheden.

Oefening B2

Doel	Produktieve verwerking van 'telefoneren'.
Werkwijze	Maak telefoongesprekken van vier zinnen.
Opmerkingen	- Deze oefening moet bij voorkeur twee aan twee (A en B) worden gedaan.

Oefening B3

Doel	Opzoekvaardigheid.
Werkwijze	Beantwoord de vragen.
Opmerkingen	- Neem van te voren met de cursisten door wat er allemaal in het telefoonboek staat; laat dit zien en controleer of ze een telefoonboek kunnen gebruiken: waar moet je wat opzoeken? U kunt eventueel tekst 9 laten lezen.
	- Vermeld dat de namen in alfabetische volgorde staan in het telefoonboek; eerst komt de achternaam, dan de voorletters en eventuele voorvoegsels: de, van etc.
	Als er meer mensen met dezelfde achternaam in staan, worden die gerangschikt naar de straatnaam (alfabetisch). Namen die beginnen met een IJ staan in het telefoonboek onder de Y.
	- Deze oefening kan het best individueel gemaakt worden.

Oefening B4

Doel	Produktieve verwerking van woordvolgorde.
Werkwijze	Zet de woorden in de goede volgorde. Zie les 3, oefening C4, p. 45.

C **Tekst 6: Bij de bank**

Type	Luistertekst, dialoog.
Personen	Mevrouw Verhoog, lokettist.
Relatie	Klant en dienstverlener.
Stijl	Formeel.
Functies	Beleefd vragen.
Begrippen	Bank.
Werkwijze	Zie 3.1.1, p. 15.
Opmerkingen	- De lokettist spreekt met een Surinaams accent.
	- De koers van de verschillende munteenheden verandert voortdurend. Het is dus mogelijk dat de koers die in deze les genoemd wordt, niet klopt met de koers op het moment dat u deze les behandelt.
	- De gepauzeerde versie van deze tekst komt direct na de ongepauzeerde versie op de cassette.

Oefening C1

Doel	Begrip van tekst 6: Bij de bank.
Werkwijze	Zijn de zinnen waar of niet waar? Zie les 2, oefening B1, p. 35.

Tekst 7: Paula Burdova belt de postbank op

Type	Luistertekst, telefoongesprekken.
Personen	Paula Burdova, telefoniste, Bo van der Linden.
Relatie	Klant en dienstverlener.
Stijl	Formeel.
Functies	Informatie vragen; telefoneren.
Begrippen	Bank; telefoon.
Grammatica	Samengestelde werkwoorden.
Werkwijze	Zie 3.1.1, p. 15.
Opmerkingen	- Vertel dat 'dinar' de munteenheid van Joegoslavië is.
	- Vraag de cursisten naar de naam van hun munteenheid. Vraag ze ook hoeveel de koers van die munteenheid is.
	- Van deze tekst is geen gepauzeerde versie opgenomen op de cassette.

Informatie vragen

Werkwijze   Zie 3.2, p. 18.

Opmerkingen - 'Mag ik u iets vragen?' introduceert een vraag (Hoe laat is het?). Het is een exponent van de functie 'iemand aanspreken'. 'Ik wou/wilde u iets vragen (over ...)' kan gevolgd worden door een vraag (Wat is de koers van de dinar?) of door een omschrijving van het onderwerp waarover informatie gevraagd wordt (Ik wilde u iets vragen over vreemde valuta). Wijs op de twee vormen 'wou' en 'wilde'. 'Kunt u me vertellen ...' introduceert een afhankelijke vraagzin: Kunt u me vertellen waar Eduard is? Kunt u me vertellen hoe laat de trein naar Parijs vertrekt?

Oefening C2

Doel   Receptieve verwerking van 'informatie vragen'.

Werkwijze   Kies de goede zin. Zie les 6, oefening B2, p. 65.

Het samengestelde werkwoord

Werkwijze   Zie 3.2, p. 18.

Opmerkingen - Samengestelde werkwoorden zijn werkwoorden waarvan het eerste deel een voorvoegsel is. In deze les gaat het om die werkwoorden waarvan het voorvoegsel een voorzetsel is en waarbij het accent op het voorzetsel ligt (de zogenoemde scheidbare samengestelde werkwoorden).
- Op twee dingen wordt de aandacht gevestigd: 1) in de onvoltooid tegenwoordige tijd worden de twee delen van het samengestelde werkwoord uit elkaar geplaatst; het voorzetsel komt achteraan in de zin (hij belt op, ik verbind u meteen door); 2) in het voltooid deelwoord komt 'ge' tussen het voorzetsel en de rest: opgebeld, aangetekend.

Oefening C3

Doel   Produktieve verwerking van 'samengestelde werkwoorden'.

Werkwijze   Vul de goede vorm van het werkwoord in.

Opmerkingen - Wijs de cursisten erop dat het gaat om vier korte verhaaltjes.
- De werkwoorden moeten in de onvoltooid tegenwoordige tijd gezet worden.
- Deze oefening moet bij voorkeur schriftelijk gedaan worden.

Oefening C4

Doel   Receptieve verwerking van woordenschat met betrekking tot 'bank'.

Werkwijze   Zoek de nummers bij de woorden.

Opmerkingen - Laat de betekenis van de woorden zo nodig opzoeken in een woordenboek.

Oefening C5

Doel   Produktieve verwerking van het begrip 'bank'.

Werkwijze   Vul het formulier in.
De gegevens uit de opdracht moeten het formulier worden ingevuld.

Opmerkingen	- Bespreek eerst de begrippen en geef aan om wat voor soort formulieren het gaat: het eerste formulier gebruik je als je geld wilt storten op een rekening van iemand anders; met het tweede formulier kun je geld opnemen van je eigen rekening.
	- Deze oefening kan het beste in de les gedaan worden.

Lessuggestie

Doel	Reproduktie van tekst 6: Bij de bank.
Werkwijze	Herhaal in de pauze de voorgaande zin. Zie 3.1.1, p. 15.
Opmerkingen	- De cursisten moeten alleen mevrouw Verhoog herhalen.

D   **Tekst 8: 008 bellen**

Type	Luistertekst, telefoongesprek.
Personen	Hendrik de Ridder, telefoniste.
Relatie	Klant en dienstverlener.
Stijl	Formeel.
Functies	Iets beleefd vragen; informatie vragen.
Werkwijze	Zie 3.1.1, p. 15.
Opmerkingen	- Vertel dat deze tekst begint met een gedeelte van het bandje dat je meestal te horen krijgt als je 008 belt.
	- Er is geen gepauzeerde versie van deze tekst opgenomen op de cassette.

Oefening D1

Doel	Produktieve verwerking van een aantal functies uit deze les.
Werkwijze	Wat zegt u in deze situaties? Zie les 7, oefening C5, p. 72.
Opmerkingen	- De cursisten moeten letten op het onderscheid tussen formeel en informeel.

Oefening D2

Doel	Verwerking van het bezittelijk voornaamwoord.
Werkwijze	Vul in: mijn, je, jouw, uw. Zie les 4, oefening B5, p. 50.
Opmerkingen	- Verwijs eventueel naar het kader over bezittelijke voornaamwoorden in les 6 (p. 61).

Oefening D3

Doel	Verstaan van tekst 8: 008 bellen.
Werkwijze	Maak de tekst compleet. Zie les 1, oefening C5, p. 28.

Tekst 9: De telefoongids

Type	Leestekst.
Werkwijze	Zie 3.1.2, p. 17.
Opmerkingen	- De 'Geinlijn' is een telefoonlijn die moppen doorgeeft. Max Tailleur, een bekende Nederlandse moppenverteller vertelt de moppen.
	- 'Niets voor niets' is een uitdrukking en betekent 'je doet niets zonder dat je er iets voor terugkrijgt'.

Beleefd vragen

Werkwijze	Zie 3.2, p. 18.
Opmerkingen	- 'Ik wou graag ...' is iets beleefder dan 'Ik wil graag ...' Behalve deze twee vragen vallen de vragen die in het kader 'Informatie vragen' genoemd worden ook onder 'beleefd vragen'.

E   **Tekst 10: Kinderpostzegelaktie**

Type   Leestekst, kranteberict.
Werkwijze   Zie 3.1.2, p. 17.
Opmerkingen   - Vertel als voorinformatie iets over de kinderpostzegelaktie: eens per jaar worden er speciale postzegels ontworpen waarvoor je bovenop de normale prijs een extra bedragje betaalt. Deze extra opbrengst is bestemd voor een aantal projecten voor kinderen in binnen- en buitenland. Behalve de postzegels worden er ook ansichtkaarten ontworpen. De kinderen van de hoogste groepen van de basisschool verkopen deze zegels en kaarten. Daarnaast kun je ze ook op het postkantoor kopen.
                        - Martine Bijl is een Nederlandse cabaretière/zangeres.

Oefening E1

Doel   Begrip van tekst 10: Kinderpostzegelaktie.
Werkwijze   Kies het goede antwoord. Zie les 1, oefening C1, p. 26.

Lessuggestie

Doel   Receptieve verwerking van samengestelde woorden.
Werkwijze   De cursisten moeten van een aantal samengestelde woorden aangeven uit welke delen ze bestaan en wat ze betekenen.
Opmerkingen   - In de tekst Kinderpostzegelaktie staan samengestelde woorden die voor deze oefening gebruikt kunnen worden, zoals kinderpostzegelaktie, ingegaan, wenskaarten, afrekenen, girobetaalkaart, handtekening, wisselgeld, postkantoor, sinterklaascadeau, honderdduizenden.

Introductie

In deze les staan de geschreven media centraal: kranten en tijdschriften. Algemene informatie over kranten en tijdschriften wordt gegeven in tekst 2 (Kranten en tijdschriften) en tekst 6 (Tijdschriftenladder); tekst 3 (In een krantenwinkel) is een gesprek tussen een verkoper in een kiosk en iemand die buitenlandse kranten wil kopen en ook zijn er stukjes uit kranten en tijdschriften opgenomen (tekst 4 en 5). De begrippen in de teksten betreffen: 'algemene gebeurtenissen' en 'lectuur en pers'. De functies die aan dit thema gekoppeld zijn, zijn 'iemand aansporen', 'aan iets twijfelen', 'opsommen', 'een voorbeeld geven' en 'iemand gelijk geven'. Om de functie 'aansporen' uit te drukken wordt vaak een gebiedende wijs gebruikt ('schiet toch op', 'kom eens gauw'); dat is een van de grammaticale onderwerpen die in deze les behandeld worden. Een opsomming wordt vaak gegeven met behulp van 'ten eerste', 'ten tweede', enzovoort, daarom komen ook de rangtelwoorden aan de orde. De overige grammaticale onderwerpen zijn 'er' repletief en 'wat' in uitroepen.

Voorbereiding

U kunt de cursisten vragen of ze Nederlandse kranten en tijdschriften kennen. Wat zijn de verschillen tussen al die kranten en tijdschriften? Kennen ze het begrip verzuiling? Bestaat dat in hun land ook? Hebben ze daar veel informatiebladen? Welke krant/Welk tijdschrift lezen ze zelf? In Nederland hebben veel mensen een abonnement op een krant. In veel andere landen kopen mensen een krant op straat. Je ziet in Nederland ook weinig kranteverkopers op straat, alleen hier en daar in de grote steden.

A   **Tekst 1: Aan het ontbijt**

Type	Luistertekst, dialoog.
Personen	Annet, Hannie, (nieuwslezer).
Relatie	Vriendinnen.
Stijl	Informeel.
Functies	Iemand aansporen; aan iets twijfelen.
Begrippen	Algemene gebeurtenissen.
Grammatica	De gebiedende wijs.
Werkwijze	Zie 3.1.1, p. 15.
Opmerkingen	- Annet zegt 'Schiet toch op. Het is bijna acht uur.' In Nederland beginnen veel mensen die op kantoren en in winkels werken enzovoort, om 9 uur; acht uur is dus een normale tijd om naar je werk te gaan.
	- ANP = Algemeen Nederlands Persbureau. Veel nieuws wat door radio, tv en kranten gebracht wordt, komt Nederland binnen via het ANP.
	- De gepauzeerde versie van deze tekst komt direct na de ongepauzeerde versie op de cassette.

Oefening A1

Doel	Begrip van tekst 1: Aan het ontbijt.
Werkwijze	Kies het goede antwoord. Zie les 1, oefening C1, p. 26.

Iemand aansporen

Werkwijze   Zie 3.2, p. 18.

Opmerkingen   - Iemand aansporen door middel van een imperatief gebeurt eigenlijk alleen in informele situaties. In formele situaties wordt eerder de vorm van een verzoek gebruikt (Kunt u misschien een beetje doorlopen?). De twee voorbeelden uit deze tekst van iemand aansporen ('Zeg, schiet toch op' en 'Zet eens gauw de radio aan') bevatten een gebiedende wijs in de informele vorm. De woorden 'toch' en 'eens' zijn hier aan toegevoegd om de gebiedende wijs wat vriendelijker te maken. Zonder deze toevoegingen zou de aansporing onbeleefd zijn. Dit soort woordjes levert vaak problemen op bij cursisten omdat ze niet letterlijk vertaald kunnen worden.

Aan iets twijfelen

Werkwijze   Zie 3.2, p. 18.

Oefening A2

Doel   Receptieve verwerking van de functies 'iemand aansporen' en 'aan iets twijfelen'.

Werkwijze   Kies het goede antwoord. Zie les 6, oefening B2, p. 65.

De gebiedende wijs

Werkwijze   Zie 3.2, p. 18.

Opmerkingen   - De gebiedende wijs zonder onderwerp wordt veelal in informele situaties gebruikt. Het kan ook in formele situaties, maar dan moet de toon van het gesprek of van het geschreven stuk van dien aard zijn dat het meer als een advies of een verzoek overkomt. Bijvoorbeeld in deze docentenhandleiding wordt regelmatig de gebiedende wijs zonder onderwerp gehanteerd: Laat de cursisten ... Wijs erop dat ... Vaak gaat het dan om een serie gebiedende-wijsvormen (ook in gebruiksaanwijzingen bijvoorbeeld). Bij zo'n serie wordt over het algemeen de vorm zonder onderwerp gebruikt.
- De gebiedende wijs met onderwerp heeft een formele en een informele vorm. Meestal wordt er 'maar' of 'even' of 'maar even' aan toegevoegd om het geheel wat vriendelijker te laten klinken. In sommige andere talen kan de informele vorm zonder toevoeging gebruikt worden zonder dat het onbeleefd is. In het Spaans is het bijvoorbeeld gebruikelijk om tegen een ober te zeggen 'geef mij een pils'.

Oefening A3

Doel   Verstaan van tekst 1: Aan het ontbijt.

Werkwijze   Maak de tekst compleet. Zie les 1, oefening C5, p. 28.

Lessuggestie

Doel   Reproduktie van tekst 1: Aan het ontbijt.

Werkwijze   Herhaal in de pauze de voorgaande zin. Zie 3.1.1, p. 15.

Opmerkingen   - Van deze tekst moeten alle zinnen herhaald worden.

B   Tekst 2: Kranten en tijdschriften

Type	Luistertekst, monoloog.
Functies	Opsommen; een voorbeeld geven.
Begrippen	Lectuur; pers; aantal (rangtelwoorden).
Werkwijze	Zie 3.1.1, p. 15.
Opmerkingen	- Vraag voordat u de tekst laat horen welke Nederlandse kranten en tijdschriften de cursistenkennen en of ze weten wat de verschillen zijn tussen al die kranten en tijdschriften.

- In de Openbare Bibliotheken vind je veel tijdschriften. U kunt de cursisten adviseren daar eens te kijken, als er een bibliotheek in de buurt is. Vertel wat een Openbare Bibliotheek is.
- Vertel zo nodig dat Anthony Delon en Sophia Loren filmsterren zijn.
- Van deze tekst is geen gepauzeerde versie op de cassette opgenomen.

Oefening B1

Doel	Begrip van tekst 2: Kranten en tijdschriften.
Werkwijze	Zijn de zinnen waar of niet waar? Zie les 2, oefening B1, p. 35.

Opsommen

Werkwijze	Zie 3.2, p. 18.

Een voorbeeld geven

Werkwijze	Zie 3.2, p. 18.
Opmerkingen	- '... en zo/of zo' zijn het minst formeel.

Oefening B2

Doel	Verwerking van 'opsommen' en 'een voorbeeld geven'.
Werkwijze	Vul in.
Opmerkingen	- Soms zijn er meerdere mogelijkheden.
	- Deze oefening kan het best individueel gemaakt worden.

Oefening B3

Doel	Receptieve verwerking van woordenschat.
Werkwijze	Kies het goede woord. Zie les 4, oefening D4, p. 53.
Opmerkingen	- Deze oefening kan twee aan twee of individueel gedaan worden.

Oefening B4

Doel	Gericht luisteren (tekst 2: Kranten en tijdschriften).
Werkwijze	Hoe vaak hoor je het woord 'bladen' in deze tekst? Zie les 5, oefening B5, p. 58.

Rangtelwoorden

Werkwijze	Zie 3.2, p. 18.

C Tekst 3: In een krantenwinkel

Doel	Luistertekst, dialoog.
Personen	Jean-Paul Daveau, winkelier.
Relatie	Klant en verkoper.
Stijl	Formeel.
Functies	Iemand gelijk geven.
Begrippen	Pers.
Grammatica	'Er' repletief; 'wat' in uitroepen.
Werkwijze	Zie 3.1.1, p. 15.
Opmerkingen	- Vertel de cursisten dat *Le Monde* en *Libération* Franse kranten zijn, *NRC* is een Nederlands dagblad, *Vrij Nederland* is een weekblad.
	- Van deze tekst is geen gepauzeerde versie opgenomen op de cassette.

Oefening C1

Doel	Begrip van tekst 3: In een krantenwinkel.
Werkwijze	Beantwoord de vragen. Zie les 1, oefening C9, p. 29.

Iemand gelijk geven

Werkwijze	Zie 3.2, p. 18.

Oefening C2

Doel	Receptieve verwerking van de functie 'iemand gelijk geven'.
Werkwijze	Kies het goede antwoord. Zie les 2, oefening C2, p. 37.

Er: repletief

Werkwijze	Zie 3.2, p. 18.
Opmerkingen	- Dit is de tweede keer dat 'er' aan de orde komt. In les 8 is 'er' als plaatsbepaling behandeld. U kunt naar dit kader verwijzen (p. 79).

Oefening C3

Doel	Receptieve verwerking van 'er' repletief.
Werkwijze	Kies de goede vraag.
	Een van de twee vragen is ongrammaticaal. Dit is soms de vraag met 'er', soms die zonder 'er'.

'Wat' in uitroepen

Werkwijze	Zie 3.2, p. 18.
Opmerkingen	- Geef eventueel nog enkele voorbeelden van 'wat' gevolgd door 'een + bijvoeglijk naamwoord + zelfstandig naamwoord': Wat een leuke jurk! Wat een mooie stad! Wat een lekkere dingen!

Oefening C4

Doel	Receptieve verwerking van de voltooid tegenwoordige tijd.
Werkwijze	Beantwoord de vragen.
	De cursisten moeten eerst de teksten lezen en daarna vraag 1 beantwoorden: In welke tekst gebruikt de schrijver de voltooid tegenwoordige tijd? Vervolgens moeten ze in tekst 1 alle vormen van de voltooid tegenwoordige tijd onderstrepen (het zijn er vier).

Opmerkingen - U kunt deze twee kranteartikeltjes gebruiken om te wijzen op de verschillende werkwoordstijden. Van het eerste stuk staan vier zinnen in de v.t.t. en één zin in de o.t.t. De zin in de o.t.t. (Hij moet daar nog enkele dagen blijven) gaat over een situatie die vanaf het moment van spreken nog voortduurt, nog niet afgelopen is. De andere vier zinnen geven feiten aan die gebeurd zijn voor het moment van spreken/schrijven. Bij een weergave van feiten uit het verleden wordt vaak de v.t.t. gebruikt. Daarnaast is het resultaat van de gebeurtenissen ook belangrijk: de militair is nu gewond ten gevolge van de gebeurtenis (het bijten) en ligt nu in het ziekenhuis. Ook dit aspect kan een reden zijn voor het gebruik van de v.t.t.
Het tweede stuk handelt over een conferentie die nog plaats moet vinden en geeft een algemeen feit dat nog geldig is: de drugshandel is nog groter dan de wereldhandel in olie. In deze gevallen is de o.t.t. gebruikelijk.

Oefening C5
Doel   Verstaan van tekst 3: In een krantenwinkel.
Werkwijze Maak de tekst compleet. Zie les 1, oefening C5, p. 28.

D ### Tekst 4: Migranten en media
Type   Leestekst, krantebericht.
Begrippen Pers; algemene gebeurtenissen.
Werkwijze Zie 3.1.2, p. 17.

Oefening D1
Doel   Begrip van tekst 4: Migranten en media.
Werkwijze   Beantwoord de vragen. Zie les 4, oefening D5, p. 53.
Opmerkingen - Licht het begrip 'media' (pers, radio en tv) toe.
- Vertel dat WVC staat voor Welzijn, Volksgezondheid en Cultuur. Alle zaken betreffende de media vallen onder dit ministerie.
- Tekst 4 is ontleend aan *Buitenlanders Bulletin*, een tijdschrift waarin artikelen en informatie staan met betrekking tot migranten.
- U kunt er eventueel op wijzen dat er speciale programma's zijn op radio en tv voor en door migranten.

Tekst 5: Krantekoppen
Type   Leestekst, collage.
Begrippen   Algemene gebeurtenissen.
Werkwijze   De betekenis van de begrippen achterhalen.
Opmerkingen - Krantekoppen geven in het kort aan wat het belangrijkste is van het artikel. Ze zijn vaak in telegramstijl geschreven, dat wil zeggen veel functiewoorden ontbreken (lidwoorden, voorzetsels) en soms ook inhoudswoorden (werkwoorden). Geef met een voorbeeld aan hoe de 'complete' zin eruit ziet: Er is kritiek op de organisatie van het Jazzfestival.
- Enkele begrippen moeten misschien toegelicht worden: minister is waarschijnlijk de minister van binnenlandse zaken, want die behandelt zaken met betrekking tot ambtenaren, de Europacup is een voetbalbekerwedstrijd op Europees niveau, in Nederland zijn er verschillende vakbonden.
- De cursisten kunnen hierbij een woordenboek gebruiken.

Oefening D2

Doel	Oefening bij krantekoppen, rubriceeroefening.
Werkwijze	In welke rubriek staan deze artikelen?
	De cursisten moeten het nummer van de rubriek aangeven waarin het artikel met deze kop thuishoort.
Opmerkingen	- *De Wereld* is geen bestaande krant.
	- De rubrieken die hier gegeven worden komen in de meeste Nederlandse kranten voor.

E   **Tekst 6: Tijdschriftenladder**

Type	Leestekst, tijdschriftenladder.
Begrippen	Pers; lectuur.
Werkwijze	Globaal lezen. Zie 3.1.2, p. 17.

Oefening E1

Doel	Zoekend lezen.
Werkwijze	Kies het goede antwoord. Zie les 1, oefening C1, p. 26.

Oefening E2

Doel	Receptieve verwerking van krantekoppen.
Werkwijze	Op welke pagina staan deze artikelen?
	De titels van artikelen moeten gecombineerd worden met de rubrieken uit de inhoudsopgave.
Opmerkingen	- Laat de cursisten eerst de betekenis van de koppen opzoeken en daarna rubriceren.
	- Enkele begrippen moeten misschien toegelicht worden: Juventus is een Italiaanse voetbalclub; het North Sea Jazzfestival is een internationaal jazzfestival dat ieder jaar in Nederland wordt gehouden.

Lessuggestie

Doel	Informatie over Nederlandse kranten.
Werkwijze	Vergelijk de kranten.
Opmerkingen	- U kunt verschillende kranten meenemen en de cursisten twee aan twee enkele kranten geven. Laat ze de volgende vragen beantwoorden: Zijn het dagbladen? Zijn het landelijke kranten? Wat zijn de hoofdartikelen? Welke rubrieken zijn er? Hoe dik zijn de kranten? Staan er veel advertenties in? Zoek een artikel uit over een onderwerp dat in beide kranten behandeld wordt en vergelijk de koppen.

Lessuggestie

Doel   Produktieve verwerking de begrippen en functies uit deze les.

Werkwijze   Beantwoord de vragen.

Opmerkingen   - U kunt de volgende vragen stellen: Welke krant leest u het liefst? Kunt u die in Nederland kopen? Welke kranten zijn er in uw land? Leest u wel eens een Nederlandse krant? Zijn er in uw land ook veel kranten en tijdschriften? Kun je Nederlandse kranten kopen in uw land?

- Door Keesing Uitgeversmaatschappij BV (Postbus 1118, 1000 BC Amsterdam) worden tijdschriften uitgegeven voor leerlingen van het voortgezet onderwijs die artikelen bevatten over algemeen-maatschappelijk onderwerpen (gedeeltelijk aktueel). Er zijn drie niveaus: *Antenne* (onderbouw), *Blikopener* (middenbouw) en *Reflector* (bovenbouw). Deze tijdschriften bevatten geschikt leesmateriaal voor anderstalige cursisten, weliswaar van iets hoger niveau. De inhoud is afgestemd op Nederlandse scholieren.

Inleiding

'Wat vind jij?' is een van de manieren waarop je iemand naar zijn mening kunt vragen. 'Vragen naar een mening' en de reactie daarop, 'een mening geven', zijn de belangrijkste functies van deze les. Omdat het uiten van een mening dikwijls gebeurt naar aanleiding van algemene gebeurtenissen die ons via de media bereiken, zijn de thema's van deze les: radio en televisie en algemene gebeurtenissen; daarnaast nog elektrische apparatuur. 'Vragen naar een mening' en 'een mening geven' komen vooral aan de orde in tekst 2, een interview met een filmproducent en tekst 3, een interview met een onderzoeker. De functies 'tegenspreken' en 'aangeven dat je iets gaat zeggen', die nauw verwant zijn met het uiten van een mening, worden behandeld naar aanleiding van een gesprek over computers (tekst 1). De functie 'samenvatten' wordt geïntroduceerd in tekst 2. In de twee leesteksten van deze les (een folder over elektrische apparaten en een stukje uit een omroepgids) zijn de begrippen die te maken hebben met elektrische apparatuur en tv verwerkt. Tekst 6 is een radionieuwsdienst, waarin een aantal algemene gebeurtenissen wordt genoemd. Omdat veel gebruikte realisaties van de functie 'een mening uiten' de vorm hebben van: 'ik vind dat ..., ik denk dat ..., ik geloof dat ...', zijn de grammaticale onderwerpen van deze les de samengestelde zin en de woordvolgorde in de bijzin.

Voorbereiding

U kunt het thema inleiden door te vragen wat de cursisten weten van de (Nederlandse) radio, tv en films. Kijken ze veel televisie? Naar welke programma's? Kennen ze de verschillende omroepverenigingen en weten ze wat het onderscheid is? Gaan ze wel eens naar de film? Zijn ze gewend om te gaan met computers, video enzovoort?

In deze les komen enkele oefeningen voor waar gevraagd wordt naar de mening van de cursisten. In Nederland is het heel normaal dat je iemand vraagt naar zijn mening. Het is echter niet in alle culturen zo gebruikelijk om als individu je mening te geven en naar die van een ander te vragen. Het kan zijn dat cursisten hier moeite mee hebben. U kunt hier rekening mee houden door geen klassikale vragen te stellen, waarbij cursisten hun mening moeten geven voor een hele groep.

A   **Tekst 1: Een gesprek over computers**

Type	Luistertekst, dialoog.
Personen	Mieke Rosier, Hetty Kroon.
Relatie	Vriendinnen.
Stijl	Informeel.
Functies	Aangeven dat je wat gaat zeggen; iemand tegenspreken.
Begrippen	Elektrische apparatuur.
Werkwijze	Zie 3.1.1, p. 15.
Opmerkingen	- U kunt van te voren technische begrippen als discdrive, kleurenmonitor en harddisc zo nodig toelichten.
	- Van deze tekst is geen gepauzeerde versie opgenomen op de cassette.

Oefening A1

Doel Begrip van tekst 1: Een gesprek over computers.
Werkwijze Beantwoord de vragen. Zie les 1, oefening C9, p. 29.

Aangeven dat je wat gaat zeggen

Werkwijze Zie 3.2, p. 18.
Opmerkingen - 'Nou' is meer een opvuller, het kan aarzeling weergeven; 'kijk' introduceert een soort argument; 'ja' geeft een bevestiging aan en 'zeg' wordt gebruikt om de aandacht van iemand te vragen.

Iemand tegenspreken

Werkwijze Zie 3.2, p. 18.
Opmerkingen - 'Dat denk ik niet' is minder stellig dan 'Dat is niet zo/Dat klopt niet/Dat is niet waar'.

Oefening A2

Doel Receptieve verwerking van 'iemand tegenspreken'.
Werkwijze Kies het antwoord dat u het beste vindt.
Opmerkingen - Het gaat erom dat de cursisten hun eigen mening geven op de beweringen.

Oefening A3

Doel Verstaan van tekst 1: Een gesprek over computers.
Werkwijze Maak de tekst compleet. Zie les 1, oefening C5, p. 28.

B **Tekst 2: Interview met een filmproducent**

Type Luistertekst, interview.
Personen Journalist, Rob Houwer.
Relatie Interviewer en geïnterviewde.
Stijl Formeel.
Functies Vragen naar een mening; samenvatten.
Begrippen Elektrische apparatuur; televisie.
Werkwijze Zie 3.1.1, p. 15.
Opmerkingen - Vertel vooraf dat Rob Houwer een Nederlandse filmproducent is, die onder andere de Nederlandse films *Keetje Tippel*, *Turks Fruit* en *Soldaat van Oranje* heeft gemaakt.
- Van deze tekst is geen gepauzeerde versie op de cassette opgenomen.

Oefening B1

Doel Begrip van tekst 2: Interview met een filmproducent.
Werkwijze Zijn de zinnen waar of niet waar? Zie les 2, oefening B1, p. 35.

Vragen naar een mening

Werkwijze Zie 3.2, p. 18.
Opmerkingen - 'Gelooft u/Geloof je (niet) dat ...?/ Denkt u/Denk je niet dat ...?' vragen wat voorzichtiger naar een mening dan 'Vindt u/Vind je (niet) dat ...?' In al deze gevallen heeft de vragensteller zelf een vooropgezet idee. 'Wat vindt u van ...?' en 'Hoe vindt u ...?' zijn uitwisselbaar in gebruik.

Samenvatten

Werkwijze Zie 3.2, p. 18.

Oefening B2

Doel	Receptieve verwerking van 'vragen naar een mening'.
Werkwijze	Beantwoord de vragen met 'ja', 'nee' of 'geen mening'.
Opmerkingen	- Licht het begrip 'geen mening' toe.
	- Deze oefening is in principe geschikt om twee aan twee door de cursisten te laten doen. De vragen kunnen door ieder van de twee aan de ander gesteld worden. Als u echter weet dat sommige mensen het niet prettig vinden hun eigen mening te geven, laat de oefening dan schriftelijk/individueel maken.

Oefening B3

Doel	Produktieve verwerking van 'vragen naar een mening'.
Werkwijze	Bedenk vragen bij de antwoorden. Zie les 2, oefening C5, p. 39.
Opmerkingen	- Een aantal begrippen en namen moet misschien toegelicht worden: Jack Nicholson en Meryl Streep zijn Amerikaanse filmsterren. Jeroen Krabbé en Rutger Hauer zijn Nederlandse acteurs/filmsterren. Een kritiek is een bespreking van een film, bijvoorbeeld in de krant.

Oefening B4

Doel	Verwerking van woordenschat.
Werkwijze	Vul in. Op de open plekken in de tekst moet een van de woorden die gegeven zijn, ingevuld worden.
Opmerkingen	- Deze oefening kan mondeling of schriftelijk gedaan worden.

C   Tekst 3: Meer tv kijken, minder lezen

Type	Luistertekst, interview.
Personen	Journalist, meneer Kalmijn.
Relatie	Interviewer en geïnterviewde.
Stijl	Formeel.
Functies	Een mening geven.
Begrippen	Radio en tv.
Grammatica	De samengestelde zin; woordvolgorde: de bijzin.
Werkwijze	Zie 3.1.1, p. 15.
Opmerkingen	- U kunt vooraf het begrip kabeltelevisie toelichten: huizen die aangesloten zijn op de 'kabel' kunnen veel programma's ontvangen, ook uit andere landen.
	- Van deze tekst is geen gepauzeerde versie opgenomen op de cassette.

Oefening C1

Doel	Begrip van tekst 3: Meer tv kijken, minder lezen.
Werkwijze	Vul de antwoorden in.
Opmerkingen	- Neem eerst de vragen door om te kijken of die duidelijk zijn.

Een mening geven

Werkwijze	Zie 3.2, p. 18.
Opmerkingen	- 'Ik vind dat ...', is de meest directe en meest stellige manier om je mening weer te geven.

Oefening C2

Doel   Receptieve verwerking van 'vragen naar een mening' en 'een mening geven'.

Werkwijze   In welke dialogen wordt een mening gegeven en gevraagd?

Uit zes dialoogjes moeten die gekozen worden waarin een mening wordt gegeven en gevraagd.

Oefening C3

Doel   Receptieve verwerking van 'een mening geven'.

Werkwijze   Welke reactie drukt een mening uit?

Uit twee reacties op een vraag moet die gekozen worden waarin een mening wordt gegeven.

Oefening C4

Doel   Receptieve verwerking van woordenschat.

Werkwijze   Wat betekent ongeveer hetzelfde?

De cursisten moeten in de rechter kolom synoniemen zoeken voor de woorden uit de linker kolom.

Opmerkingen   - Laat zo nodig een woordenboek gebruiken bij deze oefening.

De samengestelde zin

Werkwijze   Zie 3.2, p. 18.

Opmerkingen   - Leg uit dat de bijzin of de hoofdzin kan volgen of eraan voorafgaan. In het laatste geval, als de bijzin dus op de Eerste plaats komt, vindt er in de hoofdzin inversie plaats.

Woordvolgorde: de bijzin

Werkwijze   Zie 3.2, p. 18.

Opmerkingen   - Leg uit dat de woordvolgorde in de bijzin afwijkt van de woordvolgorde in de hoofdzin. In de bijzin komt het werkwoord (de persoonsvorm) achteraan in de zin (naast het infiniete werkwoord).

Oefening C5

Doel   Produktieve verwerking van 'een mening geven'.

Werkwijze   Beantwoord de vragen.

Het eerste gedeelte van de antwoordzinnen is al gegeven, de zinnen moeten worden afgemaakt.

Opmerkingen   - Wijs de cursisten erop dat 'Ik vind/geloof/denk ...' gevolgd door 'dat' een bijzin introduceren, dus dat ze op de woordvolgorde moeten letten. Na 'volgens mij' komt geen bijzin, wel inversie:

           Ik denk dat tv slecht is voor kinderen.

Vergelijk: Volgens mij is tv slecht voor kinderen.

- Naar aanleiding van deze oefening kan ook een discussie gehouden worden.

Oefening C6

Doel   Produktieve verwerking van 'een mening geven'.

Werkwijze   Beantwoord de vragen. Zie les 1, oefening C9, p. 29.

Opmerkingen   - Naar aanleiding van deze oefening kan er een discussie gehouden worden in de klas. Ook kunt u vragen stellen over de tv in het land van de cursisten: Wat voor programma's worden er uitgezonden? Hoeveel netten zijn er? Wat vinden de cursisten van de tv programma's in hun land? Is er veel reclame op de tv? Hebben veel mensen een tv?

Oefening C7

Doel	Produktieve verwerking van 'vragen naar een mening' en 'een mening geven'.
Werkwijze	Wat zegt u in deze situatie? Voor de eerste situatie moeten vijf vragen bedacht worden die naar een mening vragen. In de tweede situatie moet in vijf zinnen een mening gegeven worden over een onderwerp.

Lessuggestie

Doel	Produktieve verwerking van 'vragen naar een mening' en 'een mening geven'.
Werkwijze	Laat de cursisten ieder vijf vragen bedenken die aan een andere cursist gesteld kunnen worden. Eventueel kunnen ze dit 'interview' bij verschillende cursisten afnemen. Het kunnen vragen zijn over het onderwerp van deze les: radio, tv, film, elektrische apparatuur.

D

Tekst 4: Folder Electro

Type	Leestekst, folder.
Werkwijze	Zie 3.1.2, p. 17.
Begrippen	Elektrische apparatuur.

Oefening D1

Doel	Receptieve verwerking van woordenschat uit tekst 4.
Werkwijze	Prijskaartjes bij de juiste voorwerpen in tekst 4 plaatsen. Met behulp van de prijslijst moeten de juiste prijzen bij de voorwerpen die in de folder zijn afgebeeld, geplaatst worden.

E

Tekst 5: TV Nederland

Type	Leestekst, tv-programma's.
Werkwijze	Globaal lezen. Zie 3.1.2, p. 17.
Begrippen	Televisie.
Opmerkingen	- U kunt als ilustratiemateriaal enkele omroepgidsen meenemen.

Oefening E1

Doel	Zoekend lezen.
Werkwijze	Beantwoord de vragen. Zie les 2, oefening E1, p. 40.

Tekst 6: Radionieuwsdienst ANP

Doel	Luistertekst, monoloog.
Werkwijze	- Laat de tekst eenmaal horen. De cursisten luisteren alleen, ze lezen de tekst niet mee. (N.B. Deze tekst is alleen afgedrukt in het docentenboek, zie p. 95.) - Stel dan vragen die een globaal begrip veronderstellen: Hoeveel onderwerpen zijn er? Waar gaan ze over (trefwoorden)? - Laat daarna de vragen lezen van oefening E2. - Laat de cursisten nog een keer luisteren naar de tekst,waar bij ze de vragen moeten beantwoorden.

Opmerkingen - Het ANP is het Algemeen Nederlands Persbureau. Via dit bureau komt veel internationaal nieuws Nederland binnen.

- Wijs de cursisten op het specifieke en vrij moeilijke taalgebruik in de radionieuwsdiensten, zoals 'om het leven komen', 'een diefstal plegen', 'de toestand <u>zou</u> stabiel zijn'. De teksten zijn ook weinig redundant, dat wil zeggen er wordt veel informatie gegeven met relatief weinig woorden.

- Geef de cursisten eventueel later een kopie van de tekst en bespreek die.

- Ook kunt u de cursisten wijzen op de nieuwsprogramma's van de televisie. Met name het jeugdjournaal en het journaal voor slechthorenden zijn op dit niveau relevant. Als u de cursisten enkele keren per week ziet, kunt u ze 's avonds naar een programma laten kijken en daar de volgende dag vragen over stellen.

Acht uur, radionieuwsdienst verzorgd door het ANP.

Vandaag is in Rome een aanslag gepleegd op een vooraanstaande officier van justitie. Drie nog onbekende mannen openden het vuur op de 52-jarige Alessandro Fontana toen hij van zijn huis naar zijn auto liep. Hij raakte ernstig gewond, maar zijn toestand zou stabiel zijn. Fontana hield zich hoofdzakelijk bezig met zaken tegen Italiaanse terroristen.

Zeker veertien politieagenten en twaalf boeren zijn de afgelopen dagen in Peru bij verscheidene aanslagen om het leven gekomen. De aanslagen zijn het werk van de maoïstisch georiënteerde groepering 'Lichtend pad'. Dat heeft de Peruaanse politie bekendgemaakt. 'Lichtend pad' wil van Peru een staat van boeren en arbeiders maken die economisch op de landbouw gebaseerd is.

In het afgelopen jaar zijn in de hele wereld 39 journalisten vermoord. Dit blijkt uit cijfers van een Franse organisatie voor vrijheid en pers. Volgens deze cijfers neemt het geweld tegen journalisten nog steeds toe.

Binnenlands nieuws.

De bevolking blijft massaal tegen de bouw van nieuwe kerncentrales. Er is echter nog steeds geen meerderheid te vinden voor het stilleggen van de twee bestaande kerncentrales in Borssele en Dodewaard. Uit een onderzoek van de Werkgroep Energie en Milieu van de Rijksuniversiteit Leiden blijkt dat 85 tot 90 procent van de bevolking uitbreiding van kernenergie als bron van elektriciteitsopwekking afwijst. 45 procent van de ondervraagden is voor sluiting van de bestaande kerncentrales. Volgens het onderzoek is de Nederlandse mening over kernenergie sinds de ramp in Tsjernobyl niet of nauwelijks veranderd.

In het onderzoek naar inbraken en autodiefstallen in West-Brabant en Zeeland zijn dertig verdachten aangehouden van zeventien tot twintig jaar oud. De politie hield vorige maand al acht anderen aan in deze zaak. De jongeren worden ervan verdacht 218 inbraken en diefstallen te hebben gepleegd in het afgelopen jaar.

Tot slot het weer. In de loop van de middag toenemende bewolking en op de meeste plaatsen droog. Morgen af en toe regen en een middagtemperatuur van ongeveer tien graden.

Einde van dit ANP Bulletin.

Inleiding

Het thema van deze les is: politiek. Alle teksten hebben dan ook met dit onderwerp te maken. De eerste tekst is een gesprek met een politicus. Daarna volgen twee teksten die informatie geven over de Nederlandse staatsinrichting en over de politieke partijen ('Nederland: Democratie en monarchie' en 'Uitslag Tweede-Kamerverkiezingen'). In tekst 5 (Meningen over politiek) geven buitenlanders hun mening over de Nederlandse politiek en tekst 6 bevat informatie over een politieke jongerenorganisatie. Omdat Nederland naast politieke partijen ook actiegroepen kent, is een gesprek opgenomen met een activiste (tekst 4). Bij het thema politiek passen de taalfuncties 'een mening geven en vragen'. Deze functies, die in les 10 zijn geïntroduceerd, worden in deze les herhaald. Nieuw in deze les is 'vóór of tégen iets zijn'. Hiermee in verband staan functies die gebruikt kunnen worden om argumenten te geven: 'nadruk geven', 'een voorbeeld geven', 'iets verduidelijken' en 'een oorzaak noemen'. Dat laatste kan onder andere gerealiseerd worden door middel van een zin met 'want' of 'omdat'. In het grammaticale onderdeel wordt daaraan aandacht besteed, evenals aan de woordvolgorde in de samengestelde zin. Van de grammatica komt verder 'waar/daar/er' + voorzetsel' aan de orde (waartegen, ertegen, ermee eens, enzovoort).

Voorbereiding

Als inleiding op deze les kunt u een gesprek houden over politiek: Wat weten de cursisten van de Nederlandse politiek? Wat houdt een monarchie in? Wat is democratie? Welke politieke partijen en politici kennen ze? Zijn er verschillen wat dat betreft met de situatie in hun eigen land? Het onderwerp politiek is een onderwerp dat niet in alle groepen zonder problemen aangesneden kan worden. Soms zijn er zulke grote tegenstellingen in een groep of hebben sommige cursisten zo'n moeite met praten over politiek dat u beter geen discussies kunt aangaan. Laat het van uw groep afhangen hoe u het onderwerp behandelt.

A   **Tekst 1: Gesprek met een politicus**

Type	Luistertekst, interview.
Personen	Journalist, meneer Wubbels.
Relatie	Interviewer en geïnterviewde.
Stijl	Formeel.
Functies	Nadruk geven.
Begrippen	Algemene gebeurtenissen.
Grammatica	'Waar/daar/er' + voorzetsel.
Werkwijze	Zie 3.1.1, p. 15.

Opmerkingen	- De functies 'vragen naar een mening' en 'een mening geven' die in les 10 aan de orde zijn geweest, worden hier herhaald. In het gesprek wordt meneer Wubbels naar zijn mening gevraagd over een aantal zaken. Hem wordt ook gevraagd zijn reactie te geven op de resultaten van een enquête over de hulp van Nederland aan de Derde Wereld. Het begrip Derde Wereld behoeft misschien enige toelichting.
	- In deze tekst komt de functie 'nadruk geven' voor in de vorm van 'met name'. Het kader over deze functie komt na tekst 3.
	- Van deze tekst is geen gepauzeerde versie opgenomen op de cassette.

Oefening A1

Doel	Begrip van tekst 1: Gesprek met een politicus.
Werkwijze	Zijn de zinnen waar of niet waar? Zie les 2, oefening B1, p. 35.

Waar/daar/er + voorzetsel

Werkwijze	Zie 3.2, p. 18.
Opmerkingen	- Vertel dat 'waar' en 'daar' + voorzetsel uit elkaar geplaatst kunnen worden. Je kunt zeggen: 'Waar gaat het over?' naast: 'Waarover gaat het?' en 'Daar ben ik het mee eens' naast: 'Daarmee ben ik het eens'. Maar *'Er ben ik het mee eens' is niet goed, alleen 'Ik ben het ermee eens'.
	- Sommige voorzetsels veranderen in combinatie met een voornaamwoord. In deze les zien we daar een voorbeeld van. 'Met' wordt 'mee': Ik ben het met dat standpunt eens, Ik ben het ermee eens.

Oefening A2

Doel	Produktieve verwerking van 'waar/daar/er + voorzetsel'.
Werkwijze	Kies een van de mogelijkheden.
	De zinnen moeten aangevuld worden.
Opmerkingen	- Zin 5 en 6 zijn minder gestuurd dan 1, 2, 3 en 4, waar alleen 'waar/er' + voorzetsel ingevuld moet worden.
	- De cursisten moeten tussen een bevestigend antwoord (a) of een ontkennend (b) kiezen.

Oefening A3

Doel	Herkennen van woordaccent.
Werkwijze	Welk woorddeel heeft accent? Zie les 4, oefening D3, p. 53.

Oefening A4

Doel	Verstaan van tekst 1: Gesprek met een politicus.
Werkwijze	Maak de tekst compleet. Zie les 1, oefening C5, p. 28.

B   **Tekst 2: Nederland: Democratie en monarchie**

Type	Leestekst.
Functies	Iets verduidelijken.
Begrippen	Politieke partijen; staatsinrichting.
Werkwijze	Zie 3.1.2, p. 17.

Opmerkingen	- In deze tekst komt de functie 'iets verduidelijken' voor in de vorm van 'dat wil zeggen'. In tekst 4 komt nog een exponent van die functie voor en na die tekst is het kader geplaatst.

Tekst 3: Uitslag Tweede-Kamerverkiezingen

Type	Leestekst, tabel.
Begrippen	Politieke partijen.
Werkwijze	Zie 3.1.2, p. 17.
Opmerkingen	- Het kan zijn dat, op het moment dat u deze tekst behandelt, de opgevoerde gegevens niet meer kloppen. Toch hebben we gemeend zo'n tijdgebonden overzicht wel te moeten geven omdat er ook algemene gegevens in staan, zoals het totale aantal zetels en het grote aantal partijen dat vertegenwoordigd is in de Tweede Kamer. U kunt zelf een actueler overzicht voorleggen. - Geef een toelichting bij de verschillende politieke partijen: wat betekenen de afkortingen en wat voor soort partij is dat?

Oefening B1

Doel	Begrip van tekst 2: Nederland: Democratie en monarchie en tekst 3: Uitslag Tweede-Kamerverkiezingen.
Werkwijze	Vul het goede antwoord in. De inhoud van de tekst is weergegeven in de vorm van een schema. Het schema moet door de cursisten aangevuld worden.
Opmerkingen	- Deze oefening kan het best individueel gemaakt worden.

Nadruk geven

Werkwijze	Zie 3.2, p. 18.
Opmerkingen	- 'Met name' wordt vooral gebruikt in formele situaties: in discussies, vergaderingen, door nieuwslezers, enzovoort. 'Vooral' wordt algemener gebruikt.

Oefening B2

Doel	Receptieve verwerking van 'nadruk geven', 'opsommen', 'iets verduidelijken' en 'een voorbeeld geven'.
Werkwijze	Kies het goede woord. Zie les 4, oefening D4, p. 53.

Oefening B3

Doel	Verwerking van woordvorming.
Werkwijze	Maak het schema compleet.
Opmerkingen	- Wijs de cursisten erop dat een veel voorkomende manier om van een werkwoord een zelfstandig naamwoord te maken is: de uitgang -ing achter de stam plaatsen (bewapenen-bewapening). - In dit schema moeten afwisselend zelfstandige naamwoorden (links) en werkwoorden (rechts) ingevuld worden.

Oefening B4

Doel	Produktieve verwerking van 'een mening geven' en 'samengestelde zinnen'.
Werkwijze	Maak deze zinnen af.
Opmerkingen	- Voor het afmaken van de zinnen is het nodig de tabel te gebruiken. Voordat de oefening gedaan wordt moet u controleren of de tabel begrepen is.
	- Wijs de cursisten erop dat er enkele bijzinnen moeten worden afgemaakt: let op de woordvolgorde!
	- Deze oefening kan mondeling en/of schriftelijk gedaan worden.

C Tekst 4: Gesprek met een activiste

Type	Luistertekst, interview.
Personen	Journalist, Ineke Peters.
Relatie	Interviewer en geïnterviewde.
Stijl	Formeel.
Functies	Voor of tegen iets zijn, een voorbeeld geven, iets verduidelijken.
Begrippen	Actiegroep.
Werkwijze	Zie 3.1.1, p. 15.
Opmerkingen	- Vraag in het voorgesprek of het begrip actiegroep duidelijk is. Kunnen de cursisten voorbeelden geven van actiegroepen? Zijn ze misschien zelf lid van een actiegroep?
	- 'Brandnetel' is een bestaande actiegroep.
	- Van deze tekst is geen gepauzeerde versie opgenomen op de cassette.

Oefening C1

Doel	Begrip van tekst 4: Gesprek met een activiste.
Werkwijze	Kies het goede antwoord. Zie les 1, oefening C1, p. 26.

Voor of tegen iets zijn

Werkwijze	Zie 3.2, p. 18.

Een voorbeeld geven

Werkwijze	Zie 3.2, p. 18.

Iets verduidelijken

Werkwijze	Zie 3.2, p. 18.
Opmerkingen	- 'Namelijk' introduceert een verklaring van het voorgaande; 'dat wil zeggen' een omschrijving, uitleg.

Oefening C2

Doel	Receptieve verwerking van 'voor of tegen iets zijn' en 'een mening geven'.
Werkwijze	Kies de goede reactie.
Opmerkingen	- De cursisten moeten hun reactie geven op enkele uitspraken. Ze kunnen kiezen uit verschillende mogelijkheden.
	- Deze oefening kan mondeling en/of schriftelijk gedaan worden.
	- De zinnen zijn geformuleerd als stellingen; ze lijken wat extreem, maar dat geeft wellicht aanleiding tot verdere discussie.

Oefening C3

Doel	Produktieve verwerking van 'voor of tegen iets zijn'.
Werkwijze	Schrijf vijf dingen op waar je voor bent en vijf waar je tegen bent.
Opmerkingen	- De cursisten kunnen steekwoorden opschrijven of hele zinnen maken.

Oefening C4

Doel	Verstaan van tekst 4: Gesprek met een activiste.
Werkwijze	Maak de tekst compleet. Zie les 1, oefening C5, p. 28.

D **Tekst 5: Meningen over politiek**

Type	Luistertekst, vijf monologen.
Begrippen	Politieke partij; oorzaak.
Werkwijze	Laat de cursisten vraag 1 en 2 van oefening D1 lezen. Laat dan de tekst horen en vraag 1 en 2 beantwoorden. Daarna vraag 3, 4 en 5 laten lezen en vervolgens nog een keer naar de tekst luisteren. Vraag 3, 4 en 5 laten beantwoorden.
Opmerkingen	- Thérèse heeft een Duits accent, Christine een Engels accent en Benji heeft een wat ongebruikelijke intonatie. Liesbeth praat heel netjes, enigszins bekakt. Wijs de cursisten hierop voordat ze gaan luisteren.
	- Een buitenlander mag in Nederland alleen stemmen voor de gemeenteraadsverkiezingen, en dan nog pas als hij/zij minimaal vijf jaar legaal in Nederland is. Buitenlanders kunnen ook gekozen worden in de gemeenteraad.

Oefening D1

Doel	Begrip van tekst 5: Meningen over politiek.
Werkwijze	Beantwoord de vragen (zie ook onder tekst 5).

Een oorzaak noemen

Werkwijze	Zie 3.2, p. 18.
Opmerkingen	- Wijs de cursisten erop dat de bijzin met 'omdat' kan voorafgaan aan de hoofdzin. De hoofdzin met 'want' kan nooit voor de andere hoofdzin komen.

Woordvolgorde: de samengestelde zin

Werkwijze	Zie 3.2, p. 18.
Opmerkingen	- Om de verschillen in woordvolgorde tussen de hoofdzin en de bijzin duidelijk te maken kunt u de woordvolgordes van beide zinnen onder elkaar schrijven. Het werkwoord komt in de bijzin op de laatste plaats. Als er een samengesteld predikaat is bestaande uit een hulpwerkwoord en een infinitief, komt het werkwoord voor of na de infinitief.
	- In les 10 zijn de samengestelde zin en de woordvolgorde in de bijzin ook aan de orde geweest. U kunt hiernaar verwijzen.

Oefening D2

Doel	Produktieve verwerking van 'oorzaak', 'de samengestelde zin'.
Werkwijze	Maak de zinnen af. Zie les 11, oefening B4, p. 99.

Oefening D3

Doel	Herkennen van intonatiepatronen.
Werkwijze	Let op de intonatie. Zie les 1, oefening C6, p. 29.

Oefening D4

Doel   Produktieve verwerking van 'een mening geven'.

Werkwijze   Beantwoord de vragen. Zie les 1, oefening C9, p. 29.

E   **Tekst 6: Meer dan politiek alleen**

Type   Leestekst.

Begrippen   Politieke partijen; algemene gebeurtenissen.

Werkwijze   Zie 3.1.2, p. 17.

Oefening E1

Doel   Begrip van tekst 6: Meer dan politiek alleen.

Werkwijze   Kies het goede antwoord. Zie les 1, oefening C1, p. 26.

Lessuggestie

Doel   Produktieve verwerking van functies en begrippen uit deze les.

Werkwijze   - Laat de cursisten een interview maken over een onderwerp dat met politiek te maken heeft. Laat ze dat interview afnemen aan andere cursisten. Behalve informatieve vragen van het type 'wat, hoe, wanneer, enzovoort' moeten ze ook naar argumenten vragen: waarom? Na het afnemen van het interview moet er gerapporteerd worden: 'Hij/zij vindt dat ...', enzovoort.

Opmerkingen - U kunt hier eventueel een discussie aan vastknopen, maar dat zal niet in iedere groep kunnen. Soms liggen politieke ideeën wat gevoelig. Laat dit van uw groep afhangen.

Introductie

'Het voeren van een gesprek' vormt het thema van les 12. De taalhandelingen waaraan bij dit thema aandacht wordt besteed, betreffen 'het woord vragen', 'iemand aan het woord laten', 'iemand onderbreken' en 'reactie op onderbreking'. Deze functies worden in verschillende situaties geïntroduceerd: tijdens een feestje wordt een aantal mensen op informele wijze geïnterrumpeerd; hetzelfde gebeurt op formele manier in een gesprek tussen werknemer en werkgever (tekst 2). De functie 'het woord vragen' wordt gebruikt aan het loket op het postkantoor, op een vergadering en tijdens een lezing. In deze situaties wordt ook op een onderbreking gereageerd. In een lessituatie komt 'iemand aan het woord laten' aan de orde (tekst 6).

Het grammaticale onderdeel bevat een kader waarin wordt ingegaan op constructies met vragen en weten, de zogenaamde afhankelijke vragen en mededelingen. Verder wordt in de les aandacht besteed aan tijdsbegrippen. Het betreft hier het uitdrukken van een opeenvolging (sequentie) in de tijd, door middel van 'eerst ... dan'; gelijktijdigheid (simultaneïteit: terwijl) en het uitdrukken van gebeurtenissen voor of na een andere gebeurtenis (respectievelijk door middel van 'voordat' en 'nadat'). In blok D en E vindt verdere verwerking van het tijdsbegrip plaats aan de hand van enkele gevarieerde teksten: Het weer, Internationaal telefoneren, Wat te doen bij brand? en Een fantastische bustocht.

Voorbereiding

Ter introductie op het thema van de les, gespreksvoering, kan met de cursisten worden gesproken over de manier waarop gesprekken in het Nederlands verlopen. Hierbij valt te denken aan culturele verschillen met betrekking tot de houding die spreker en luisteraar verwacht worden aan te nemen tijdens een gesprek. In sommige culturen is het bijvoorbeeld gebruikelijk dat een ondergeschikte zijn meerdere niet aankijkt, terwijl in de Nederlandse situatie de meerdere juist zal proberen de blik van de ondergeschikte te vangen. Een ander voorbeeld betreft het onderbreken van een docent door een cursist, een gewone situatie in het Nederlandse onderwijs. Komt dat overeen met wat de cursisten vanuit hun eigen cultuur gewend zijn? Wanneer ervaren ze het als onbeleefd om iemand in de rede te vallen? Dit soort vragen kunnen ter voorbereiding op de les aan de orde komen.

A   **Tekst 1: Op een feest**

Type	Luistertekst, gesprek met meerdere deelnemers.
Personen	Alex, Bettie, Michel, Sylvia.
Relatie	Vrienden.
Stijl	Informeel.
Functies	Iemand onderbreken.
Werkwijze	Zie 3.1.1, p. 15.
Opmerkingen	- Tekst 1 en 2 zijn achter elkaar opgenomen op de cassette. Daarna volgt de gepauzeerde versie van tekst 1.

Oefening A1

Doel	Begrip van tekst 1: Op een feest.
Werkwijze	Kies het goede antwoord. Zie les 1, oefening C1, p. 26.
Opmerkingen	- Om de vragen luisterend naar de tekst te kunnen beantwoorden, moeten de cursisten weten welke naam bij welke stem hoort. Dit houdt in dat ze de opdracht alleen kunnen uitvoeren met het tekstboek voor zich.

Tekst 2: Een lastig gesprek

Type	Luistertekst, dialoog.
Personen	Dora Reitsma, Wim Kaptein, via de telefoon (niet hoorbaar) John.
Relatie	Directeur en werknemer.
Stijl	Formeel.
Functies	Iemand onderbreken.
Werkwijze	Zie 3.1.1, p. 15.
Begrippen	Posterioriteit.
Opmerkingen	- Van deze tekst is geen gepauzeerde versie opgenomen op de cassette.

Oefening A2

Doel	Begrip van tekst 2: Een lastig gesprek.
Werkwijze	Kies het goede antwoord. Zie les 1, oefening C1, p. 26.

Iemand onderbreken

Werkwijze	Zie 3.2, p. 18.
Opmerkingen	- Vertel de cursisten dat 'Sorry, maar ...' vooral in informele situaties gebruikt wordt; de andere vormen komen voor in formele of neutrale situaties.
	- Het gebruik van 'moment' of 'ogenblik' vormt in de lijst van aangeboden vormen de meest abrupte manier om iemand te onderbreken. Het is uiteraard ook mogelijk geen van de aangeboden vormen te gebruiken en zonder enige aankondiging iemand in de rede te vallen.
	- Wijs de cursisten erop dat het in Nederland niet ongebruikelijk is ook personen met een hogere rang of status te interrumperen. Het is bijvoorbeeld niet vreemd om in Nederland een docent te onderbreken, in tegenstelling tot wat men in sommige andere landen gewend is.

Oefening A3

Doel	Receptieve verwerking van 'iemand onderbreken'.
Werkwijze	Kies de goede reactie. Zie les 6, oefening B2, p. 65.

Oefening A4

Doel	Produktieve verwerking van 'iemand onderbreken'.
Werkwijze	Wat zegt u? Zie les 7, oefening C5, p. 72.

Oefening A5

Doel	Verstaan van tekst 1: Op een feest.
Werkwijze	Maak de tekst compleet. Zie les 1, oefening C5, p. 28.

Lessuggestie

Doel	Reproduktie van tekst 1: Op een feest.
Werkwijze	Herhaal in de pauze de voorgaande zin. Zie 3.1.1, p. 15.
Opmerkingen	- Het is de bedoeling dat de cursisten de tekst van alle gesprekspartners herhalen.

B   **Tekst 3: Op het postkantoor**

Type	Luistertekst, dialoog.
Personen	Klant, lokettist.
Relatie	Klant en dienstverlener.
Stijl	Formeel.
Functies	Het woord vragen; reactie op onderbreking.
Grammatica	Afhankelijke zinnen: vragen en weten.
Werkwijze	Zie 3.1.1, p. 15.
Opmerkingen	- Tekst 3, 4 en 5 staan ongepauzeerd op de cassette. Ze zijn zo kort dat u ze zonder onderbreking aan de cursisten kunt aanbieden. Wijs de cursisten vooraf op de drie verschillende situaties, waarin de teksten worden uitgesproken. Daarbij kan worden opgemerkt dat tekst 4 en 5 beschouwd moeten worden als fragmenten van een grotere tekst. Men valt als het ware midden in het gesprek.

Tekst 4: Op een vergadering

Type	Luistertekst, dialoog.
Personen	Voorzitter, aanwezige.
Relatie	Voorzitter en lid.
Stijl	Formeel.
Functies	Het woord vragen; reactie op onderbreking.
Grammatica	Afhankclijke zinnen: vragen en weten.
Werkwijze	Zie 3.1.1, p. 15.
Opmerkingen	- Zie opmerkingen bij tekst 3.

Tekst 5: Bij een lezing

Type	Luistertekst, dialoog.
Personen	Spreker, luisteraar.
Relatie	Spreker en toehoorder.
Stijl	Formeel.
Functies	Het woord vragen; reactie op onderbreking.
Werkwijze	Zie 3.1.1, p. 15.
Opmerkingen	- Zie opmerkingen bij tekst 3.

Oefening B1

Doel	Begrip van tekst 3: Op het postkantoor, tekst 4: Op een vergadering en tekst 5: Bij een lezing.
Werkwijze	Zijn de zinnen waar of niet waar? Zie les 2, oefening B1, p. 35.

Het woord vragen

Werkwijze   Zie 3.2, p. 18.

Opmerkingen - Als in tekst 4 en 5 de aanwezige, respectievelijk de luisteraar het woord vragen, dan is dat een vorm van onderbreking. In dergelijke gevallen is de grens tussen de functies 'iemand onderbreken' en 'het woord vragen' niet zo scherp. De sprekers die het woord vragen hadden hun vraag ook kunnen introduceren met bijvoorbeeld 'Neemt u me niet kwalijk, maar ...' U kunt de cursisten hierop wijzen.

Reactie op onderbreking

Werkwijze   Zie 3.2, p. 18.

Opmerkingen - De hier gepresenteerde reacties op een onderbreking zijn enigszins knorrig van aard. Natuurlijk kan er ook vriendelijker op een onderbreking gereageerd worden. Voorbeelden daarvan kwamen in tekst 1 voor, zoals 'O, dat geeft niet, hoor' of 'Jij altijd, Sylvia.'

Oefening B2

Doel   Receptieve verwerking van 'het woord vragen' en 'reactie op onderbreking'.

Werkwijze   Kies het goede antwoord.

De cursisten moeten aangeven in welke situatie ze een bepaalde taalhandeling kunnen gebruiken. Ze hebben de keuze uit drie situaties.

Opmerkingen - Deze oefening kan het best individueel gedaan worden.

Oefening B3

Doel   Receptieve verwerking van 'vragen om uitleg', 'het woord vragen' en 'reactie op onderbreking'.

Werkwijze   Kies de goede reactie. Zie les 6, oefening B2, p. 65.

Lessuggestie

Doel   Gericht luisteren.

Werkwijze   Lees enkele zinnen van tekst 3, 4 en 5 op en vraag de cursisten uit hoeveel woorden deze bestaan. De volgende zinnen lenen zich hier goed voor:

1 Mag ik even iets vragen?

2 Moment meneer, ik ben even bezig!

3 Ik heb even een vraag.

4 Een ogenblik graag, ik ben zo klaar.

5 U moet me even laten uitspreken.

6 Over het Boeddhisme ga ik het straks hebben.

Controleer na elke zin meteen het antwoord. Lees de zin zo nodig nog een keer voor.

C   **Tekst 6: Tijdens de les**

Type	Luistertekst, gesprek met meerdere deelnemers.
Personen	Docent, Jorge, Irene, Ibrahim.
Relatie	Docent en cursisten.
Stijl	Formeel en informeel.
Functies	Iemand aan het woord laten.
Begrippen	Sequentie; posterioriteit; prioriteit; simultaneïteit.
Grammatica	Afhankelijke zinnen: vragen en weten; tijd: eerst ... dan, nadat, voordat en terwijl.
Werkwijze	Zie 3.1.1, p. 15.
Opmerkingen	- Wijs de cursisten erop dat Ibrahim een aantal keren 'wij' zegt, waar 'we' gebruikelijk is.
	- De gepauzeerde versie van deze tekst komt direct na de ongepauzeerde op de cassette.

Oefening C 1

Doel	Begrip van tekst 6: Tijdens de les.
Werkwijze	Beantwoord de vragen.
Opmerkingen	- De gestelde vragen betreffen de opeenvolging van handelingen. Bij de drie vragen moeten de cursisten aangeven welke actie plaatsvindt voor een andere in de tekst.

Iemand aan het woord laten

Werkwijze	Zie 3.2, p. 18.
Opmerkingen	- 'Wie is er aan de beurt?' wordt gebruikt wanneer het initiatief van de spreker uitgaat. In de andere gevallen heeft de gesprekspartner te kennen gegeven iets te willen zeggen. Door middel van 'Gaat uw/Ga je gang' of 'Zegt u/Zeg het maar' geeft de spreker daartoe gelegenheid.

Afhankelijke zinnen: vragen en weten

Werkwijze	Zie 3.2, p. 18.
Opmerkingen	- Afhankelijke vragen beginnen vaak met 'Ik wil vragen ..., Ik wil weten ..., Ik weet niet ..., Ik vraag me af ..., Ik wil informeren ...' In deze constructies worden de vraagwoorden 'wie', 'wanneer', 'wat', 'hoe', enzovoort gebruikt als naar een persoon, tijd, object, respectievelijk hoedanigheid wordt gevraagd, zoals in 'Ik weet niet wie John is' of 'Ik wil alleen vragen wat u met R.v.B. bedoelt.
	Ligt aan dergelijke constructies een ja/nee-vraag ten grondslag, dan wordt het voegwoord 'of' gebruikt: 'Ik wil alleen vragen of ik hier een aangetekende brief kan halen'; 'Ik wil weten of je in Utrecht woont'. De inhoud van deze zinnen met 'of' is onzeker.
	- Naast afhankelijke vragen bestaan er ook afhankelijke mededelingen. Deze beginnen vaak met 'Ik weet dat ...' of 'Ik wist niet dat ...' De inhoud van deze zinnen met 'dat' is zeker. Voorbeelden:
	Ik weet dat u over de gang van zaken niet tevreden bent.
	Ik wist niet dat hij in Utrecht woont.

Tijd: eerst ... dan, nadat, voordat en terwijl

Werkwijze   Zie 3.2, p. 18.

Opmerkingen   - Om aan te geven dat een actie voorafgaat aan een andere actie (prioriteit) gebruiken we het voegwoord 'voordat':

'Ik eet een broodje, voordat ik een brief schrijf.'

'Kunnen we niet eerst het huiswerk bespreken, voordat we de test maken?'

'Nadat' wordt gebruikt om aan te geven dat een actie volgt op een andere actie (posterioriteit):

'Nadat ik een broodje heb gegeten, schrijf ik een brief.'

'Nadat ik de test heb uitgedeeld, kunnen jullie beginnen.'

- In plaats van 'Ik eet een broodje, voordat ik een brief schrijf', is het ook mogelijk om te zeggen: 'Voordat ik een brief schrijf, eet ik een broodje.' De laatste zin wordt vaak moeilijker gevonden, omdat de volgorde waarin de gebeurtenissen in die zin worden beschreven, niet overeenkomt met de volgorde waarin de gebeurtenissen in werkelijkheid plaatsvinden. Om dezelfde reden wordt 'Nadat ik een broodje heb gegeten, schrijf ik een brief', makkelijker gevonden dan 'Ik schrijf een brief, nadat ik een broodje heb gegeten'.

- Voor de beschrijving van acties die op hetzelfde moment plaatsvinden, wordt het nevenschikkend voegwoord 'en' of het onderschikkend voegwoord 'terwijl' gebruikt:

'Ik eet een broodje en schrijf een brief.'

'Ik eet een broodje, terwijl ik een brief schrijf.'

Oefening C2

Doel   Verwerking woordenschat uit tekst 6: Tijdens de les.

Werkwijze   Vul in. Zie les 10, oefening B4, p. 91.

Lessuggestie

Doel   Reproduktie van tekst 6: Tijdens de les.

Werkwijze   Herhaal in de pauze de voorgaande zin. Zie 3.1.1, p. 15.

Opmerkingen   - De cursist hoeft de tekst van de docent niet te herhalen.

D   **Tekst 7: Het weer**

Type   Leestekst, krantebericht.

Werkwijze   Zie 3.1.2, p. 17.

Oefening D1

Doel   Begrip van tekst 7: Het weer.

Werkwijze   Kies het goede antwoord. Zie les 1, oefening C1, p. 26.

Oefening D2

Doel   Gebruik van de voegwoorden 'dat' en 'of'.

Werkwijze   Vul in.

Opmerkingen   - Deze oefening kan twee aan twee of individueel gedaan worden.

Tekst 8: Internationaal telefoneren

Type   Leestekst, fragment uit de telefoongids.

Werkwijze   Zie 3.1.2, p. 17.

Oefening D3

Doel   Gebruik van 'voordat', 'nadat', 'terwijl'.

Werkwijze	Vul in.
Opmerkingen	- Naast training in het gebruik van deze voegwoorden doet de oefening een beroep op het begrip van tekst 8: Internationaal telefoneren.
	- Deze oefening kan individueel worden gemaakt.

Tekst 9: Dit moet u doen bij brand

Type	Leestekst, krantebericht.
Werkwijze	Zie 3.1.2, p. 17.

Oefening D4

Doel	Begrip van tekst 9: Dit moet u doen bij brand.
Werkwijze	Kies het goede antwoord. Zie les 1, oefening C1, p. 26.

Oefening D5

Doel	Begrip van tekst 9: Dit moet u doen bij brand; zinsconstructie.
Werkwijze	Maak de zinnen af. Zie les 11, oefening B4, p. 99.

E

Tekst 10: Een fantastische bustocht

Type	Leestekst, folder.
Werkwijze	Zie 3.1.2, p. 17.
Opmerkingen	- De tekst bevat een spelfout, het moet zijn 'gezamenlijk' in plaats van 'gezamelijk'.
	- U kunt het wervende karakter van de tekst illustreren door de cursisten te wijzen op het gebruik van bijvoeglijke naamwoorden als 'schitterend', 'fantastisch', 'heerlijk', 'schitterend', 'prachtig' en 'gastvrij'.

Oefening E1

Doel	Begrip van tekst 10: Een fantastische bustocht; structurering van een verhaal.
Werkwijze	Zet de zinnen in de goede volgorde.
	Laat deze oefening bij voorkeur individueel doen. Laat de cursisten de zinnen in de goede volgorde onder elkaar schrijven.

Oefening E2

Doel	Produktieve verwerking van voegwoorden van tijd.
Werkwijze	Vul in. Zie les 10, oefening B4, p. 91.

Introductie

Het thema van deze les is: wonen. Het spreekt vanzelf dat aan dit thema heel wat termen en begrippen verbonden zijn, waar iedereen dagelijks mee te maken heeft. Het aantal nieuwe woorden dat in deze les wordt aangeboden, is dan ook relatief groot. Deze woorden hebben vooral te maken met verschillende soorten woningen, met de indeling van een woning, oppervlakte, meubilair, materialen en kleuren. Om de les niet overvol te maken, is het aantal functies en grammaticale constructies waaraan in deze les aandacht wordt besteed beperkt. De titel van de les 'Viel het mee of tegen?' geeft aan dat het in deze les om positief en negatief beoordelen gaat. Deze functies worden behandeld aan de hand van tekst 1 (Op zoek naar een kamer). Tekst 2 (Bij de familie Kastelein in Almere) is een interview met een gezin dat van Amsterdam naar Almere is verhuisd. In dit interview wordt een vergelijking gemaakt tussen de vorige en de huidige woning. Op basis van de beschrijving van de vorige woning wordt aandacht besteed aan de onvoltooid verleden tijd. Tekst 3 (Wonen) bevat drie meningen van buitenlanders over het wonen in Nederland. Naar aanleiding van deze luistertekst wordt de functie 'oppervlakte aangeven' behandeld en wordt het gebruik van bijvoeglijke naamwoorden die niet verbogen worden, gesignaleerd. Tekst 4 is een folder van 'Handje kontantje', een zaak waar goedkope meubels gekocht kunnen worden. Ten slotte bevat deze les een aantal advertenties waarin woonruimte te huur gevraagd en aangeboden wordt en het gedicht 'De Dapperstraat' van J.C.Bloem.

Voorbereiding

Voordat u start met de behandeling van de les kunt u het thema van de les, wonen, introduceren aan de hand van een aantal eenvoudige vragen, zoals: Waar woont u? Woont u in een kamer, een flat of een huis? Hoeveel kamers hebt u?

De titel van de les 'Viel het mee of tegen?' behoeft wellicht ook enige toelichting. Het begrip meevallen is al in les 5 geïntroduceerd. Zo nodig kunt u daarnaar verwijzen en vervolgens aangeven dat tegenvallen het tegenovergestelde betekent. U kunt de cursisten eventueel nog een aantal vragen stellen, zoals: Valt het leren van Nederlands mee of tegen? of lijstjes laten maken van dingen die hun de afgelopen tijd zijn meegevallen en tegengevallen.

A   Tekst 1: Op zoek naar een kamer

Type	Luistertekst, dialoog.
Personen	Gerrit Keizer, Theo de Zeeuw.
Relatie	Vrienden.
Stijl	Informeel.
Functies	Positief beoordelen; negatief beoordelen.
Begrippen	Type woning; indeling woning; oppervlakte; situering in de tijd (heden en verleden).
Werkwijze	Zie 3.1.1, p. 15.

Opmerkingen	- Wijs de cursisten op de samentrekking in: 'Da-s toch veel te duur!' en 'Maar as ik wat weet, dan hoor je-n-'t meteen.'
	- Wijs de cursisten op de van oorsprong Engelstalige uitdrukking 'all-in', die hier staat voor 'alles inbegrepen' en op 'al sla je me dood', een idiomatische uitdrukking, met als betekenis in deze context 'ik weet echt niets'.
	- Van deze tekst is geen gepauzeerde versie opgenomen op de cassette.

Oefening A1
Doel	Begrip van tekst 1: Op zoek naar een kamer.
Werkwijze	Zijn de zinnen waar of niet waar? Zie les 2, oefening B1, p. 35.

Positief beoordelen
Werkwijze	Zie 3.2, p. 18.

Negatief beoordelen
Werkwijze	Zie 3.2, p. 18.
Opmerkingen	- Wijs de cursisten erop dat 'het valt mee' en 'het valt tegen' gebruikt worden in situaties waarin een gebeurtenis achteraf door de spreker positiever respectievelijk negatiever wordt ervaren dan vooraf verwacht. De verwachting van de spreker speelt geen rol bij 'het is een voordeel' en 'het is een nadeel'.

Oefening A2
Doel	Receptieve verwerking van 'positief/negatief beoordelen'.
Werkwijze	Kies de goede reactie. Zie les 1, oefening A1, p. 23.

Oefening A3
Doel	Produktieve verwerking van het thema wonen.
Werkwijze	Beantwoord de vragen. Zie les 1, oefening C9, p. 29.

Oefening A4
Doel	Verstaan van tekst 1: Op zoek naar een kamer.
Werkwijze	Maak de tekst compleet. Zie les 1, oefening C5, p. 28.

B   **Tekst 2: Bij de familie Kastelein in Almere**
Type	Luistertekst, interview.
Personen	Journalist, Anja Kastelein, Henk Kastelein.
Relatie	Interviewer en geïnterviewden.
Stijl	Formeel.
Begrippen	Type woning; indeling woning; meubels; materiaal; situering in de tijd (heden en verleden).
Grammatica	De onvoltooid verleden tijd.
Werkwijze	Zie 3.1.1, p. 15.

Opmerkingen	- Vertel de cursisten dat Almere een nieuwe stad is in Flevoland (zie Appendix 1 van het tekstboek), een polder waar veel Amsterdammers zich hebben gevestigd.
	- Maak de cursisten opmerkzaam op het Amsterdamse accent van Henk en Anja Kastelein. Anja zegt 'Die ken hier lekker in de tuin spelen' in plaats van 'kan' en 'Hij heb dat wandmeubel in elkaar gezet' in plaats van 'heeft'.
	- Wijs de cursisten op de samentrekking in 'En daar zette-n-ik-'m op het balkon' en in 'Helemaal niet, 'k-eb hier een mooie open keuken, ...'
	- Leg de betekenis uit van 'En Patrick vindt het ook het einde' en van 'O nee, voor geen goud!'
	- Van deze tekst is geen gepauzeerde versie opgenomen op de cassette.

Oefening B1

Doel	Begrip van tekst 2: Bij de familie Kastelein in Almere.
Werkwijze	Beantwoord de vragen. Zie les 4, oefening D5, p. 53.

De onvoltooid verleden tijd

Werkwijze	Zie 3.2, p. 18.
Opmerkingen	- De cursisten moeten de vormen van de onvoltooid verleden tijd van de onregelmatige werkwoorden uit hun hoofd leren. Hiertoe wordt verwezen naar Appendix 3.
	- De vraag wanneer we de onvoltooid verleden tijd moeten gebruiken, is niet gemakkelijk te beantwoorden. Naast de onvoltooid verleden tijd kent het Nederlands de voltooid tegenwoordige tijd om te verwijzen naar het verleden (zie les 7). Vooral de kwestie in welke gevallen de onvoltooid verleden tijd gebruikt moet worden en wanneer de voltooid tegenwoordige tijd van toepasing is, levert veel problemen op. In deze les beperken we ons tot het gebruik van de onvoltooid verleden tijd in twee niet al te omstreden gevallen:
	1 rapportage van handelingen die men gewend was te doen, gewoontes en
	2 beschrijving van een situatie.

Oefening B2

Doel	Receptieve verwerking van woordenschat uit tekst 2.
Werkwijze	Welk woord hoort er niet bij? Zie les 3, oefening D1, p. 46.

Oefening B3

Doel	Receptieve verwerking van '(gebrek aan) voorkeur uitdrukken'.
Werkwijze	Vul het schema in.
	De cursisten kunnen deze oefening individueel doen door een kruisjes te zetten onder de woorden.
Opmerkingen	- U kunt eventueel daarna de cursisten vragen stellen (of twee aan twee laten stellen) als: Vindt u een lage huur belangrijk? Vindt u een rustige straat belangrijk? enzovoort.

Oefening B4

Doel	Produktieve verwerking van woordenschat met betrekking tot thema wonen.
Werkwijze	Geef een beschrijving. Zie les 6, oefening B4, p. 65.

C   **Tekst 3: Wonen**

Type	Luistertekst, drie monologen.
Personen	Donatella Longhi, Craig Dijkstra, Jaime Alcantara Portuguez.
Functies	Oppervlakte aangeven.
Begrippen	Type woning; indeling woning; meubels; oppervlakte; kleur; materiaal; situering in de tijd (heden en verleden).
Grammatica	Het bijvoeglijk naamwoord: glazen, gesloten, oranje, plastic.
Werkwijze	Zie 3.1.1, p. 15.
Opmerkingen	- Craig Dijkstra spreekt met een sterk Amerikaans accent. De twee andere sprekers hebben minder accent, maar bij Donatella Longhi en Jaime Alcantara Portuguez is de Italiaanse, respectievelijk Spaanse uitspraak van hun geboorteland hoorbaar: Donatella heeft het over Italia in plaats van Italië en Jaime spreekt van Mechico in plaats van Mexico.
	- Van deze tekst is geen gepauzeerde versie opgenomen op de cassette.

Oefening C1

Doel	Begrip van tekst 3: Wonen.
Werkwijze	Vul in.
	De cursisten moeten de vragen lezen en vervolgens beantwoorden terwijl ze naar de tekst luisteren. Ze moeten de juiste naam invullen.
Opmerkingen	- U kunt bij de bespreking van deze oefening eventueel vragen stellen als: Wie heeft een tante in Gouda? Wie vindt Nederland een grijs land? enzovoort.

Oppervlakte aangeven

Werkwijze	Zie 3.2, p. 18.
Opmerkingen	- Na uitleg van het kader kunt u de cursisten vragen stellen als: Hoe groot is de tafel/het lokaal?, enzovoort.

Het bijvoeglijk naamwoord: glazen, gesloten, oranje, plastic

Werkwijze	Zie 3.2, p. 18.
Opmerkingen	- Wijs de cursisten erop dat het bij bijvoeglijke naamwoorden die niet verbogen worden vaak gaat om woorden die een materiaal aanduiden: marmeren komt van marmer, glazen van glas, enzovoort. In de tweede plaats betreft het een aantal kleuren (o.a. oranje, rose) en sommige materialen (o.a. plastic, nylon).

Oefening C2

Doel	Produktieve verwerking van de onvoltooid verleden tijd.
Werkwijze	Geef een beschrijving. Zie les 6, oefening B4, p. 65
Opmerkingen	- De oefening komt grotendeels overeen met oefening B 4 uit deze les. In die oefening ging het om een beschrijving van de huidige woning, met als doel het gebruik van woorden die met het thema wonen hebben te maken. Op die vaardigheid wordt in deze oefening ook een beroep gedaan. Wat nieuw is in deze oefening is het gebruik van de onvoltooid verleden tijd die vereist is bij het geven van een beschrijving van de vorige woning van de cursist.

Oefening C3

Doel	Receptieve verwerking van woordenschat met betrekking tot het thema wonen.
Werkwijze	Welke woorden betekenen ongeveer hetzelfde? Zie les 6, oefening A8, p. 64.
Opmerkingen	- Niet alle woorden waar het in deze oefening om gaat, zijn tot nu toe in de leergang aangeboden: wc, bed, ledikant, vertrek en electriciteit. Met woorden als wc en electriciteit zullen de meeste cursisten geen problemen hebben, omdat het woorden zijn die in veel talen in bijna gelijke vorm voorkomen. De genoemde andere woorden leveren misschien iets meer problemen op. Daarom is bij deze oefening de toevoeging opgenomen zo nodig een woordenboek te gebruiken.

Oefening C4

Doel	Produktieve verwerking van het bijvoeglijke naamwoord.
Werkwijze	Vul in.
Opmerkingen	- Bij sommige items zijn meerdere antwoorden mogelijk.

D **Tekst 4: Handje kontantje**

Type	Leestekst, folder.
Begrippen	Meubels; materiaal.
Werkwijze	Zie 3.1.2, p. 17.
Opmerkingen	- 'Handje kontantje' is een authentieke tekst. De tekst is opgenomen om de cursisten enkele nuttige benamingen voor allerlei soorten meubilair aan te bieden. Daarnaast bevat de tekst een aantal woorden die voor de cursisten in dit stadium van verwerving van het Nederlands minder relevant zijn, zoals 'kijk- en snuffelplezier'. Niettemin hebben we gemeend dergelijke woorden niet te moeten schrappen; we wilden namelijk de authenticiteit van de tekst handhaven.

Oefening D1

Doel	Produktieve verwerking van woordenschat met betrekking tot het thema wonen.
Werkwijze	Maak combinaties van twee woorden. Zie les 8, oefening A5, p. 76.

Oefening D2

Doel	Produktieve verwerking van begrippen en functies uit deze les.
Werkwijze	Beantwoord de vragen. Zie les 1, oefening C9, p. 29.

Lessuggestie

Doel	Produktieve verwerking van begrippen en functies uit deze les.
Werkwijze	Beantwoord de vragen.
	In aansluiting op de voorgaande oefening kunt u met de cursisten doorpraten over het thema wonen, waarbij zaken aan de orde kunnen komen als: Hoe is de woonsituatie in je eigen land?, Is het gemakkelijk om in je eigen land aan woonruimte te komen?, Welk deel van je inkomen moet je daar aan huur besteden?, enzovoort.

E **Tekst 5: Onroerend goed en woonruimte te huur gevraagd/aangeboden**

Type	Leestekst, advertentie.
Werkwijze	Globaal lezen. Zie 3.1.2, p. 17.
Opmerkingen	- De afkortingen die in de advertenties voorkomen, maken het lezen van de tekst niet gemakkelijk. U kunt deze afkortingen in het woordenboek laten opzoeken. Help de cursisten waar het woordenboek tekortschiet.

Oefening E1

Doel	1 Zoekend lezen.
	2 Advertentie opstellen.
Werkwijze	1 Beantwoord de vraag. Zie les 4, oefening D5, p. 53.
	2 Schrijf een tekst. Zie les 6, oefening B4, p. 65.

Oefening E2

Doel	Receptieve verwerking van woordenschat met betrekking tot het thema wonen.
Werkwijze	Maak het schema compleet. Vul in.
Opmerkingen	- De woorden dienen zo te worden ingevuld dat zowel de vier woorden op de horizontale rijen als die in de vier verticale kolommen verband met elkaar houden. Voor veel cursisten is dit een moeilijke opgave.
	- In een woordenboek kan naar de betekenis van onbekende woorden worden gezocht.
	- Laat deze oefening individueel of in tweetallen doen.

Tekst 6: De Dapperstraat

Type	Leestekst, gedicht.
Werkwijze	Lees het gedicht.
Opmerkingen	- Het gedicht 'De Dapperstraat' van J.C.Bloem is als diverterende tekst opgenomen. Het is bedoeld om te worden gelezen, er zijn geen oefeningen bij opgenomen. Eventueel kunt u naar aanleiding van het gedicht met de cursisten discussiëren over het wonen in de stad versus het wonen op het platteland of over de rol van natuur en milieu in ons dagelijks leven. U moet zich er daarbij niet over verbazen dat de conserverende houding die Nederlanders in het algemeen tegenover de natuur innemen totaal kan verschillen van die van inwoners van landen waar nog volop natuur aanwezig is: daar heerst vaak meer waardering voor de smog van de grote stad dan voor het landleven en bezigheden als wandelen in de natuur of kamperen genieten daar minder aanzien dan in Nederland.

Introductie

Het thema van les 14 is: gezondheid. De begrippen die in deze les aan bod komen, hebben betrekking op ziekte en ongeval, medische voorzieningen en lichaamsdelen. Naast de functie 'iemand het beste wensen', die al in de titel van de les tot uiting komt, wordt in deze les aandacht besteed aan taalhandelingen die emotionele attitudes of gevoelens verwoorden. Het gaat daarbij om het uitdrukken van verontrusting, pijn, opluchting, hoop en verslagenheid. Uiteraard is de functie 'vragen naar een ziekte' ook in de les opgenomen. De genoemde begrippen en functies worden geïntroduceerd in drie luisterteksten die de volgende situaties betreffen: een bezoek aan de huisarts (tekst 1), het maken van een afspraak met de polikliniek van een ziekenhuis (tekst 3) en een gesprek over een vriendin die aangereden is (tekst 4). De les bevat daarnaast twee leesteksten over mensen die onverwacht met een ziekte geconfronteerd zijn (tekst 5 en 6). Ten slotte is een strip opgenomen en een overzicht van medische voorzieningen in een kleine Nederlandse gemeente. Het grammaticale onderdeel van deze les betreft de weglating van persoonsvorm en/of onderwerp.

Voorbereiding

Gezondheid is een begrip dat van cultuur tot cultuur zeer verschillend geïnterpreteerd en beleefd wordt. Zoals men in Nederland niet gewend is een deel van de verzorging van een familielid op zich te nemen dat in het ziekenhuis ligt - iets wat in bepaalde landen zeer gebruikelijk is - zullen buitenlanders zich verbazen over een aantal aspecten van de Nederlandse gezondheidszorg. Hierbij kan gedacht worden aan de informele manier waarop sommige artsen hun patiënten benaderen, het zoeken naar psychische verklaringen van een fysiek probleem, de terughoudendheid van sommige doktoren om medicijnen voor te schrijven, de geneesmiddelen die alleen op recept verkrijgbaar zijn of het systeem van ziektekostenverzekeringen. Voorafgaand aan de behandeling van les 14 kunnen deze verschillen ter sprake komen. Wellicht zijn enkele cursisten al eens met de Nederlandse gezondheidszorg in aanraking geweest.

A   Tekst 1: Bij de huisarts

Type	Luistertekst, dialoog.
Personen	Dokter Mulder, Margret Werner.
Relatie	Arts en patiënt.
Stijl	Formeel.
Functies	Verontrusting uitdrukken; pijn uitdrukken.
Begrippen	Ziekte; medische voorzieningen.
Werkwijze	Zie 3.1.1, p. 15.

Opmerkingen	- U zult de cursisten waarschijnlijk enige toelichting moeten geven op het in Nederland gangbare systeem van verwijzing naar een specialist via de huisarts door middel van een verwijsbrief.
	- Wijs de cursisten op de verschillende manieren van ziektekostenverzekering, onder andere afhankelijk van het inkomen: ziekenfonds en particulier.
	- De eerste twee zinnen van de tekst worden uitgesproken in de wachtkamer van de dokter, de rest van het gesprek speelt zich af in de spreekkamer.
	- Van deze tekst is geen gepauzeerde versie opgenomen op de cassette.

Oefening A1

Doel	Begrip van tekst 1: Bij de huisarts.
Werkwijze	Kies het goede antwoord. Zie les 1, oefening C1, p. 26.

Verontrusting uitdrukken

Werkwijze	Zie 3.2, p. 18.
Opmerkingen	- Wijs de cursisten erop dat na 'Ik maak me zorgen over ...' een lichaamsdeel genoemd wordt, zoals hart, knie of voet. 'Ik ben bang voor ...' zal over het algemeen gevolgd worden door een kwaal of ziekte, zoals aids, kanker of nierstenen. De vorm 'Ik ben bang dat ...' luidt een bijzin in, waarvan de inhoud kan variëren, zoals: ... dat ik [ziekte] heb, ... dat ik niet goed hoor met mijn linkeroor, ... dat ik een bril nodig heb, enzovoort.

Pijn uitdrukken

Werkwijze	Zie 3.2, p. 18.
Opmerkingen	- Wijs de cursisten erop dat na 'Ik heb last van ...' een kwaal of lichaamsdeel wordt genoemd, zoals duizelingen of mijn rug. Na 'Ik heb pijn in mijn ...' volgt een lichaamsdeel: nek, buik, enzovoort. Als reactie op een fysieke kwelling van iemand wordt 'Het/Dat doet pijn' gebruikt (of 'au!', en dus niet 'ay!' of 'ouch!')

Oefening A2

Doel	Herkennen van zinsaccenten.
Werkwijze	Let op het accent. Zie les 3, oefening B3, p. 44.

Tekst 2: Lichaamsdelen

Type	Leestekst, benamingen van lichaamsdelen aan de hand van een illustratie.
Werkwijze	Bespreek de benamingen van de verschillende lichaamsdelen met de cursisten. Laat de cursisten de aangeboden woorden uit het hoofd leren.
Opmerkingen	- Wijs de cursisten erop dat in het Nederlands de enkelvoudige vorm 'het haar' wordt gebruikt om te verwijzen naar de haardos en niet, zoals in sommige andere talen, de meervoudsvorm 'de haren'.
	- Al naar gelang de wens van de cursisten kunt u gedetailleerder ingaan op de behandeling van het lichaam.

Oefening A3

Doel   Receptieve verwerking van woordenschat met betrekking tot het lichaam.

Werkwijze   Welke woord hoort er niet bij? Zie les 3, oefening D1, p. 46.

Oefening A4

Doel   Produktieve verwerking van woordenschat met betrekking tot het lichaam.

Werkwijze   Beantwoord de vragen.

Opmerkingen   - Indien de behandeling van tekst 2: Lichaamsdelen beperkt gebleven is tot de aangeboden woorden, zullen de cursisten bij de beantwoording van de eerste vraag een beroep moeten doen op een tweetalig woordenboek.
                - Deze oefening kan mondeling en/of schriftelijk gedaan worden.

B   **Tekst 3: Een afspraak maken**

Type   Luistertekst, telefoongesprek.
Personen   Telefoniste, Margret Werner.
Relatie   Doktersassistente en patiënt.
Stijl   Formeel.
Functies   Opluchting uitdrukken.
Begrippen   Medische voorzieningen.
Werkwijze   Zie 3.1.1, p. 15.
Opmerkingen   - Wellicht zult u enige toelichting bij de eerste zin moeten geven. Misschien weten niet alle cursisten wat er in een polikliniek gebeurt, dat 'Sint Jan' de naam van een ziekenhuis is en dat het maken van een afspraak met een specialist verbonden aan een polikliniek vaak centraal geregeld wordt.
                - Wijs de cursisten er op dat bij het maken van een formele afspraak vaak niet van drie uur maar van vijftien uur wordt gesproken.
                - Van deze tekst is geen gepauzeerde versie opgenomen op de cassette.

Oefening B1

Doel   Begrip van tekst 3: Een afspraak maken.
Werkwijze   Beantwoord de vragen. Zie les 4, oefening D5, p. 53.

Opluchting uitdrukken

Werkwijze   Zie 3.2, p. 18.
Opmerkingen   - De vorm 'Dat valt mee' is eerder aan bod gekomen in les 5 en 13 bij de functie 'positief beoordelen'.

Oefening B2

Doel   Receptieve verwerking van 'verontrusting uitdrukken', 'pijn uitdrukken'en 'opluchting uitdrukken'.
Werkwijze   Kies de goede reactie. Zie les 6, oefening B2, p. 65.

Oefening B3

Doel   Verstaan van tekst 3: Een afspraak maken.
Werkwijze   Maak de tekst compleet. Zie les 1, oefening C5, p. 28.

C   **Tekst 4: Bij het ziekenhuis**

Type	Luistertekst, dialoog.
Personen	Jeannette, Michel.
Relatie	Vrienden.
Stijl	Formeel.
Functies	Vragen naar een ziekte; het beste wensen; hoop uitdrukken; verslagenheid uitdrukken.
Begrippen	Ziekte; ongeval.
Werkwijze	Zie 3.1.1, p. 15.
Opmerkingen	- Wijs de cursisten er zo nodig op dat Andrea een Nederlandse meisjesnaam is (en niet, zoals in Italië, een jongensnaam).

- Licht de betekenis van plaat toe in de context van een plaat in het been zetten: een metalen bevestiging die gebruikt wordt om gebroken botten aan elkaar te laten groeien.
- In de tekst wordt verschillende malen het persoonlijk voornaamwoord haar gebruikt. Terwijl dit als haar wordt geschreven, wordt dit als 'r of d'r uitgesproken in 'Wat scheelt haar?', '... toen heeft een auto haar aangereden' en 'ze hebben haar geopereerd ...' Let ook op de verbinding die bij de uitspraak van 'Hoe gaat het ermee?' wordt gemaakt: 'Hoe gaat-'t-'rmee?'
- Er is een gepauzeerde versie van deze tekst.

Oefening C1

Doel	Begrip van tekst 4: Bij het ziekenhuis.
Werkwijze	Beantwoord de vragen. Zie les 4, oefening D5, p. 53.

Vragen naar een ziekte

Werkwijze	Zie 3.2, p. 18.
Opmerkingen	- Bij het informeren naar een ziekte kan na 'Wat heeft ...' of 'Wat scheelt ...' een willekeurig persoon worden genoemd (dus niet alleen, zoals in de voorbeelden 'Wat heeft u/heb je?' en 'Wat scheelt haar/hem?')

Het beste wensen

Werkwijze	Zie 3.2, p. 18.
Opmerkingen	- Wijs de cursisten op het verschil in gebruik tussen 'van harte beterschap' (alleen bij ziekte) en 'het beste' (een algemene wens).

Hoop uitdrukken

Werkwijze	Zie 3.2, p. 18.
Opmerkingen	- Wijs de cursisten erop dat 'Ik hoop dat ...' een bijzin introduceert.

Verslagenheid uitdrukken

Werkwijze	Zie 3.2, p. 18.
Opmerkingen	- Als 'Nee!' gebruikt wordt om verslagenheid uit te drukken, dan wordt het met ontzetting in de stem uitgesproken (en niet met neutrale klank zoals wanneer bijvoorbeeld ontkennend geantwoord wordt).

Oefening C2

Doel	Receptieve verwerking van 'vragen naar een ziekte', 'het beste wensen', 'hoop uitdrukken', 'verslagenheid uitdrukken'.
Werkwijze	Kies de goede reactie. Zie les 6, oefening B2, p. 65.

Oefening C3

Doel	Produktieve verwerking van 'vragen naar een ziekte', 'het beste wensen', 'hoop uitdrukken' en 'verslagenheid uitdrukken'.
Werkwijze	Wat zegt u in deze situaties? Zie les 7, oefening C5, p. 72.

Oefening C4

Doel	Produktieve verwerking van begrippen en functies uit deze les.
Werkwijze	Beantwoord de vragen. Zie les 1, oefening C9, p. 29.

Oefening C5

Doel	Verstaan van tekst 4: Bij het ziekenhuis.
Werkwijze	Maak de tekst compleet. Zie les 1, oefening C5, p. 28.

Lessuggestie

Doel	Reproduktie van tekst 4: Bij het ziekenhuis.
Werkwijze	Herhaal in de pauze de voorgaande zin. Zie 3.1.1, p. 15.
Opmerkingen	- Alleen de uitingen van Jeannette moeten worden herhaald.

D **Tekst 5: Ziek en gezond tegelijk**

Type	Leestekst.
Begrippen	Ziekte; medische voorzieningen.
Werkwijze	Zie 3.1.2, p. 17.

Oefening D1

Doel	Begrip van tekst 5: Ziek en gezond tegelijk.
Werkwijze	Beantwoord de vragen. Zie les 4, oefening D5, p. 53.

Tekst 6: Strijd

Type	Leestekst.
Begrippen	Ziekte.
Werkwijze	Zie 3.1.2, p. 17.

Oefening D2

Doel	Begrip van tekst 6: Strijd.
Werkwijze	Beantwoord de vragen. Zie les 4, oefening D5, p. 53.

Weglating persoonsvorm + onderwerp

Werkwijze	Zie 3.2, p. 18.

Oefening D3

Doel	Produktieve verwerking van de voltooid tegenwoordige tijd.
Werkwijze	Vul de goede vorm van het werkwoord in. Zie les 8, oefening C3, p. 78.
Opmerkingen	- Verwijs de cursisten zo nodig naar les 7, waar de behandeling van de voltooid tegenwoordige tijd aan de orde is gekomen en naar Appendix 3, waarin de vormen van de onregelmatige werkwoorden zijn opgenomen.

Oefening D4

Doel	Receptieve verwerking van het gebruik van de onvoltooid verleden tijd.
Werkwijze	Onderstreep de vormen van de onvoltooid verleden tijd in tekst 5: Ziek en gezond tegelijk. Geef ook de infinitief.
Opmerkingen	- Verwijs de cursisten zo nodig naar les 13, waar de onvoltoid verleden tijd is behandeld en naar Appendix 3, waarin de onregelmatige vormen van het werkwoord zijn opgenomen.

Oefening D5

Doel	Produktieve verwerking van begrippen en functies uit deze les.
Werkwijze	Beantwoord de vragen. Zie les 1, oefening C9, p. 29.

E   **Tekst 7: Een medisch onderzoek**

Type	Leestekst, strip.
Begrippen	Ziekte; lichaamsdelen.
Werkwijze	Lees de strip.
	Laat de cursisten de betekenis van de woorden achterhalen en de woorden in hun alfabetschrift schrijven.

Oefening E1

Doel	Verwerking woordenschat uit tekst 7: Een medisch onderzoek.
Werkwijze	Voor welke lichaamsdelen kun je de kwalen gebruiken?
	In tekst 7 worden verschillende aanduidingen voor kwalen gegeven. De cursisten moeten aangeven voor welke lichaamsdelen je die kunt gebruiken.
Opmerkingen	- U kunt deze oefening toelichten door nog enkele voorbeelden te geven: je kunt een suizing in je oor of in je hoofd hebben, maar niet in je maag; maagkrampen daarentegen bestaan wel, in tegenstelling tot oogkrampen, enzovoort.

Tekst 8: Gezondheidszorg

Type	Leestekst, brochure.
Begrippen	Medische voorzieningen.
Werkwijze	Globaal lezen. Zie 3.1.2, p. 17.
Opmerkingen	- Vertel de cursisten dat de tekst afkomstig is uit een informatiegids van een kleine gemeente in Nederland.

Oefening E2

Doel	Zoekend lezen.
Werkwijze	Beantwoord de vragen. Zie les 2, oefening E1, p. 40.

Introductie

De titel van deze les is een wat impliciete manier om vrijstelling voor iets te vragen. Dit is een van de functies die in deze les centraal staan, naast 'vrijstelling geven', 'geen vrijstelling geven', 'geen toestemming geven' en 'zeggen dat iets niet zeker is'. In relatie met deze functies is het grammaticale onderwerp van deze les de constructie met 'moeten' of 'hoeven' gevolgd door een ontkenning en eventueel 'te'. Het al dan niet verlenen van vrijstellingen is regelmatig aan de orde in de context van het onderwijs en dat vormt dan ook het thema van deze les. In deze context wordt aandacht besteed aan de begrippen school en studie, examens en diploma's en aan de verschillende vakken. Daarnaast komen woorden aan de orde die te maken hebben met frequentie en graduering. De les bevat drie luisterteksten: in tekst 1 geeft iemand zich in een buurthuis op voor een cursus Nederlands; in tekst 3 informeert een Marokkaan naar de toelatingseisen voor een technische school en tekst 4 bestaat uit een telefoongesprek waarin een Nederlander conversatieles aanbiedt aan een Braziliaan in ruil voor lessen Portugees. De les bevat verder roosters van een buurthuisprogramma en van een cursus Nederlands, een overzicht van het Nederlandse onderwijssysteem en drie teksten betreffende regels die gehanteerd worden bij respectievelijk de toelating tot een technische school, de toelating tot een land en bij het beleid dat gevoerd wordt bij de toewijzing van woningen.

Voorbereiding

Voorafgaand aan de behandeling van de les kunt u verschillende zaken betreffende het onderwijs met de cursisten bespreken, zoals: Wat weten ze al van het onderwijs in Nederland? Kunnen ze voorbeelden van schooltypes noemen? Hebben ze een cursus in Nederland gevolgd?
Wat voor cursus was dat? Hoe is het onderwijs in hun eigen land georganiseerd? Wordt daar op een andere manier lesgegeven dan in Nederland?

A   **Tekst 1: In een buurthuis**

Type	Luistertekst, dialoog.
Personen	Santiago Ledesma, Renske Tollenaar.
Relatie	Cursist en docent.
Stijl	Formeel.
Functies	Zeggen dat iets niet zeker is; geen toestemming geven.
Begrippen	Studie.
Werkwijze	Zie 3.1.1, p. 15.
Opmerkingen	- Geef zo nodig enige toelichting bij het verschijnsel buurthuis en leg uit wat daar zoal gedaan wordt. - Bij het beluisteren van de cassette zal het u opvallen dat Santiago Ledesma wel erg goed Nederlands spreekt. We hopen daarmee niet het 'Koot-en-Bie-effect' te sorteren van de perfect sprekende Marokkaan die in kinderachtig Nederlands wordt toegesproken, maar aan deze keuze ligt een puur didactische reden ten grondslag. Veel cursisten zullen de aangeboden situatie herkennen en daar later opnieuw in belanden. Het is voor hen relevant te weten hoe zo'n gesprek kan verlopen.

- De tekst is in een gepauzeerde versie op de cassette opgenomen om de cursisten de gelegenheid te bieden de tekst van Santiago Ledesma te herhalen. Om die reden is ervoor gekozen de rol van Santiago Ledesma niet met een sterk accent te laten opnemen.

Oefening A1

Doel Begrip van tekst 1: In een buurthuis.

Werkwijze Zijn de zinnen waar of niet waar? Zie les 2, oefening B1, p. 35.

Zeggen dat iets niet zeker is

Werkwijze Zie 3.2, p. 18.

Opmerkingen - De eenvoudigste manier om uit te drukken dat iets niet zeker is, is waarschijnlijk 'Misschien', dat al in les 3 bij de functie weifelen werd geïntroduceerd. De vormen met 'afhangen van' zijn nieuw in deze les. De constructies 'Het is niet zeker of ...' en 'Ik weet niet of ...' hebben de woordvolgorde van afhankelijke zinnen, die in les 12 werd behandeld. Overigens is het ook mogelijk met 'afhangen van' een dergelijke constructie te vormen, namelijk 'Het hangt ervan af of ...'

Geen toestemming geven

Werkwijze Zie 3.2, p. 18.

Opmerkingen - U kunt de cursisten erop wijzen dat Nederlanders over het algemeen, in vergelijking met sommige andere culturen, vrij onomwonden zullen aangeven of ze iets wel of niet willen of kunnen doen. In andere landen wordt vaak nog een slag om de arm gehouden in de vorm van een equivalent van 'misschien', ook al behoort het geven van toestemming niet reëel tot de mogelijkheden. Een Nederlander zal in zo'n geval op een directer manier zeggen: 'Nee, dat kan niet', 'Dat gaat niet' of 'Dat is niet mogelijk'. De beleefdste vorm om iemand geen toestemming te geven is wellicht nog 'Nee, het spijt me'.

Oefening A2

Doel Receptieve en produktieve verwerking van 'zeggen dat iets niet zeker is'.

Werkwijze 1 Kies de goede reactie. Zie les 1, oefening A1, p. 23.
2 Beantwoord de vragen. Zie les 1, oefening C9, p. 29.

Opmerkingen - De meerkeuzevragen vormen het opstapje tot de vraag 'Waar hangt dat van af?' Wijs de cursisten erop dat het antwoord op deze vraag de vorm heeft van a) Van ...; b) Dat hangt van ... af, en eventueel c) Het hangt ervan af of ...

Oefening A3

Doel Receptieve verwerking van 'geen toestemming geven'.

Werkwijze Kies het goede antwoord. Zie les 2, oefening C2, p. 37.

Opmerkingen - Wijs de cursisten erop dat er steeds wordt gevraagd naar de persoon die géén toestemming verleent. Het beantwoorden van dergelijke negatieve vragen is vaak lastig.

Tekst 2: Activiteitenschema Buurthuis De Driehoek

Type	Leestekst, programmaoverzicht.
Werkwijze	Zie 3.1.2, p. 17.
Opmerkingen	- Wijs de cursisten op de afkortingen ma, di, wo en do voor respectievelijk maandag, dinsdag, woensdag en donderdag.

Oefening A4

Doel	Begrip van tekst 2: Activiteitenschema Buurthuis De Driehoek.
Werkwijze	Kies het goede antwoord. Zie les 1, oefening C1, p. 26.

Lessuggestie

Doel	Reproduktie van tekst 1: In een buurthuis.
Werkwijze	Herhaal in de pauze de voorgaande zin. Zie 3.1.1, p. 15.
Opmerkingen	- De cursisten hoeven alleen de tekst van Santiago Ledesma te herhalen.

B

Tekst 3: Op een technische school

Type	Luistertekst, dialoog.
Personen	Abderrahim Badr, Kees Stellingwerf.
Relatie	Leerling en docent.
Stijl	Formeel.
Functies	Vrijstelling vragen; vrijstelling geven; geen vrijstelling geven.
Begrippen	School; studie; vakken; examens; diploma's.
Grammatica	Moeten/hoeven + ontkenning (+ te).
Werkwijze	Zie 3.1.1, p. 15.
Opmerkingen	- Van deze tekst is geen gepauzeerde versie opgenomen op de cassette.

Oefening B1

Doel	Begrip van tekst 3: Op een technische school.
Werkwijze	Beantwoord de vragen. Zie les 4, oefening D5, p. 53.

Vrijstelling vragen

Werkwijze	Zie 3.2, p. 18.
Opmerkingen	- Wijs de cursisten erop dat in de constructie 'Moet ik (echt) ... doen?' het ongespecificeerde werkwoord 'doen' door andere werkwoorden vervangen kan worden, zoals in de voorbeeldzin: 'Dus ik moet echt mijn diploma laten zien?'

Vrijstelling geven

Werkwijze	Zie 3.2, p. 18.
Opmerkingen	- In 'U hoeft niet/geen ... te doen' kan op de plaats van 'doen' een werkwoord met een specifiekere betekenis worden ingevuld.

Geen vrijstelling geven

Werkwijze	Zie 3.2, p. 18.
Opmerkingen	- In 'U moet ... doen' kan 'doen' door een ander werkwoord worden vervangen.
	- De constructie 'Het/dat kan niet' werd ook genoemd bij de functie 'geen toestemming geven'. Op dit punt overlappen de functies 'geen vrijstelling geven' en 'geen toestemming geven' elkaar.

Moeten/hoeven + ontkenning (+ te)

Werkwijze   Zie 3.2, p. 18.

Opmerkingen   - Luidt het antwoord op een vraag met 'moeten' ontkennend, dan wordt in plaats van 'moeten' het werkwoord 'hoeven' gebruikt. Indien 'hoeven' niet door een ander werkwoord gevolgd wordt, gebruiken we 'Het/Dat hoeft niet'. Komt er nog een ander werkwoord, dan gebruiken we 'hoeven' + ontkenning + te: 'Nee, u hoeft geen examen te doen'.

- Wijs de cursisten erop dat 'hoeven + niet/geen' in deze constructies 'niet nodig zijn/hebben' betekent. Vergelijk de volgende voorbeelden: 'Moet ik je koffie betalen?' - 'Nee, dat hoeft niet/Nee, dat moet niet'. 'Nee, dat hoeft niet' wil zeggen: 'Nee, dat is niet nodig'. 'Nee, dat moet niet' gaat meer in de richting van: 'Ik wil perse niet dat je mijn koffie betaalt'.

'(Dat) moet je niet doen' drukt een advies of suggestie uit (zie les 10, tekst 1: Een gesprek over computers).

Oefening B2

Doel   Receptieve verwerking van 'vrijstelling vragen', 'vrijstelling geven', 'geen vrijstelling geven'.

Werkwijze   Kies de goede reactie. Zie les 6, oefening B2, p. 65.

C   **Tekst 4: Een telefoongesprek**

Type   Luistertekst, telefoongesprek.

Personen   Gilberto Riveira, Harm-Jan Heddema.

Relatie   Adverteerder en reflectant.

Stijl   Informeel.

Begrippen   Studie; frequentie; graduering.

Werkwijze   Zie 3.1.1, p. 15.

Opmerkingen   - Laat de cursisten eerst de advertentie lezen voordat ze de tekst beluisteren waarin Harm-Jan Gilberto opbelt naar aanleiding van deze advertentie.

- Maak de cursisten opmerkzaam op het noordelijk accent van Harm-Jan.

- Er is een gepauzeerde versie van de tekst.

Oefening C1

Doel   Begrip van tekst 4: Een telefoongesprek.

Werkwijze   Vul in. Zie les 13, oefening C1, p. 112.

Frequentie

Werkwijze   Zie 3.2, p. 18.

Opmerkingen   - De hier gepresenteerde woorden die een bepaalde graad van frequentie uitdrukken vormen een glijdende schaal van 'nooit' naar 'altijd'. Woorden die op dezelfde regel staan betekenen ongeveer hetzelfde, zoals 'wel eens', 'soms' en 'af en toe'. Dat wil niet zeggen dat ze in alle gevallen uitwisselbaar zijn. 'Steeds' heeft bijvoorbeeld vaak de betekenis van 'voortdurend' en kan dan niet in alle gevallen door 'altijd' worden vervangen, zoals in 'Hij spreekt steeds beter Nederlands'.

Graduering

Werkwijze   Zie 3.2, p. 18.

Opmerkingen   - De woorden die een bepaalde graad aangeven vormen een glijdende schaal van 'helemaal geen/niet' naar 'alleen maar'. 'Een paar' kan alleen gevolgd worden door een telbaar zelfstandig naamwoord, zoals in 'een paar kwartjes'; 'een (heel) klein beetje' kan ook gevolgd worden door een niet-telbaar zelfstandig naamwoord: 'een klein beetje water'. 'Iets' kan niet gevolgd worden door een zelfstandig naamwoord, in tegenstelling tot 'een beetje' en 'wat': wel 'een beetje geld', 'wat geld', maar niet '*iets geld'. Daarentegen is het wel mogelijk te zeggen 'iets moois of geks' en 'wat moois of geks', maar niet '*een beetje moois of geks'.

Oefening C2

Doel   Receptieve verwerking van 'frequentie'.

Werkwijze   Beantwoord de vragen.
De cursisten moeten een van de zes mogelijkheden kiezen.

Opmerkingen   - U kunt deze oefening individueel laten doen en/of in tweetallen. In het laatste geval kunnen de cursisten elkaar de vragen stellen.
- Bij de bespreking van deze oefening kunt u de vragen stellen aan de cursisten. Als de oefening twee aan twee is gedaan, kunt u ook vragen stellen als 'Studeert x hard?', 'Is x wel eens gezakt voor een tentamen?', enzovoort.

Oefening C3

Doel   Produktieve verwerking van 'graduering'.

Werkwijze   Vul het schema in. Kies een van de vier gegeven woorden.

Opmerkingen   - De cursisten kunnen de lijst Nederlands, Engels, Spaans met andere talen uitbreiden.

Oefening C4

Doel   Verstaan van tekst 4: Een telefoongesprek.

Werkwijze   Maak de tekst compleet. Zie les 1, oefening C5, p. 28.

Lessuggestie

Doel   Reproduktie van tekst 4: Een telefoongesprek.

Werkwijze   Herhaal in de pauze de voorgaande zin. Zie 3.1.1, p. 15.

Opmerkingen   - De cursisten hoeven alleen de tekst van Gilberto Riveira te herhalen.

D   **Tekst 5: Het onderwijs in Nederland**

Type   Leestekst.

Begrippen   School en studie; examens; diploma's.

Werkwijze   Zie 3.1.2, p. 17.

Opmerkingen   - Voor iemand die nog niet goed thuis is in het Nederlandse onderwijssysteem zal de tekst veel nieuwe, onbekende woorden bevatten, die het lezen van de tekst zullen bemoeilijken. Licht deze woorden toe, voorzover de cursisten de betekenis ervan niet met behulp van een woordenboek hebben kunnen achterhalen. De tekst is niettemin als basisleerstof opgenomen en niet als extra materiaal met het doel de cursisten te informeren over de structuur van het Nederlandse onderwijs.

Oefening D1

Doel	Begrip van tekst 5: Het onderwijs in Nederland.
Werkwijze	Beantwoord de vragen. Zie les 4, oefening D5, p. 53.

E   **Tekst 6: Rooster cursus Nederlands voor aspirant-studenten**

Type	Leestekst, lesrooster.
Begrippen	Vakken.
Werkwijze	Zie 3.1.2, p. 17.
Opmerkingen	- De tekst is relatief makkelijk. Geef zo nodig enige toelichting bij de verschillende vakanties: deze zijn deels gebaseerd op christelijke feestdagen, zoals Kerstmis en Pasen.

Oefening E1

Doel	Zoekend lezen.
Werkwijze	Beantwoord de vragen. Zie les 2, oefening E1, p. 40.

Tekst 7: Toelatingspbepalingen van een technische school

Type	Leestekst.
Begrippen	School en studie.
Werkwijze	Zie 3.1.2, p. 17.
Opmerkingen	- De tekst sluit qua thematiek aan bij luistertekst 3: Op een technische school.

Tekst 8: Toelatingscriteria tot het land Fictivia

Type	Leestekst.
Werkwijze	Zie 3.1.2, p. 17.
Opmerkingen	- Fictivia is de benaming van een fictief land, zoals de naam zelf al aangeeft.

Tekst 9: Toewijzingsbeleid woningen in Anna-Johannapolder

Type	Leestekst.
Werkwijze	Zie 3.1.2, p. 17.
Opmerkingen	- Anna-Johannapolder is de naam van een niet-bestaande, verzonnen plaats.

Oefening E2

Doel	Begrip van tekst 7, 8 en 9.
Werkwijze	Beantwoord de vragen. Zie les 4, oefening D5, p. 53.

Introductie

Werk en beroep staan centraal in les 16. Hierbij komen de begrippen opleiding, werkloosheid, beloning en loopbaan aan de orde. In tekst 1 (Bij een uitzendbureau) zoekt een student een vakantiebaantje. Het maakt hem niet uit wat voor werk het is. In aansluiting hierop wordt de functie 'geen voorkeur hebben' behandeld en wordt in het grammatica-onderdeel ingegaan op de onbepaalde voornaamwoorden 'iets' en 'niets', 'iemand' en 'niemand' en 'ergens' en 'nergens'. Tekst 2 (Gesprek met een treinconducteur) betreft een interview met iemand die al op een lange werkervaring kan bogen. Naar aanleiding hiervan wordt de functie 'vragen naar een beroep en reactie' aan de orde gesteld. In de derde luistertekst (Op zoek naar werk) vertellen vier jonge mensen over hun ervaringen bij het zoeken naar een geschikte werkkring. Hieraan is een aantal uitdrukkingsvormen van de functies 'positief en negatief beoordelen' gekoppeld. In tekst 4 (Werkloos) wordt informatie gegeven over het systeem van sociale verzekeringen. Tot slot is een advertentie van een uitzendbureau opgenomen (tekst 5: Als je hoofd wat om handen wil hebben).

Voorbereiding

Ter voorbereiding op de les kunt u op de eventuele werkervaring van de cursisten ingaan: Werken ze? Wat is hun beroep? Wat voor werk doen ze? Vinden ze hun werk leuk? Wat voor baantjes hebben ze gehad, in Nederland en in hun eigen land? Zijn ze op zoek naar (ander) werk? enzovoort.

A   **Tekst 1: Bij een uitzendbureau**

Type	Luistertekst, dialoog.
Personen	Intercedente, Humphrey Tamara.
Relatie	Intercedente en klant.
Stijl	Formeel.
Functies	Geen voorkeur hebben.
Begrippen	Opleiding.
Grammatica	Iets-niets, iemand-niemand, ergens-nergens.
Werkwijze	Zie 3.1.1, p. 15.
Opmerkingen	- Indien de cursisten er niet goed van op de hoogte zijn wat de functie van een uitzendbureau is, kunt u enige toelichting geven bij de diensten die zo'n bureau aan werkzoekenden verleent. Vermeld zo nodig eveneens dat veel studenten op die manier aan een vakantiebaantje proberen te komen. - Er is een gepauzeerde versie van deze tekst.

Oefening A1

Doel	Begrip van tekst 1: Bij een uitzendbureau.
Werkwijze	Vul het formulier in voor Humphrey Tamara.
Opmerkingen	- Doordat cursisten een formulier moeten invullen, ziet deze oefening er wat anders uit dan voorgaande begripsoefeningen. De taak waar het om gaat verschilt echter nauwelijks van voorgaande oefeningen: het formulier kan alleen goed ingevuld worden, als de cursisten de tekst goed hebben begrepen.

Geen voorkeur hebben

Werkwijze	Zie 3.2, p. 18.
Opmerkingen	- In les 3 is eerder aandacht besteed aan 'geen voorkeur hebben'. 'Het/Dat maakt (mij) niet uit' en 'Het/Dat geeft niet' werden daar als varianten van deze functie opgevoerd. Nu worden daar twee vrijwel equivalente vormen aan toegevoegd.

Oefening A2

Doel	Receptieve verwerking van 'geen voorkeur hebben'.
Werkwijze	Kies de goede reactie. Zie les 6, oefening B2, p. 65.
Opmerkingen	- De vormen van geen voorkeur hebben uit zowel les 3 als les 16 komen in deze oefening aan de orde.

Oefening A3

Doel	Produktieve verwerking van 'geen voorkeur hebben'.
Werkwijze	Wat zegt u? Zie les 7, oefening C5, p. 72.

Iets-niets, iemand-niemand, ergens-nergens

Werkwijze	Zie 3.2, p. 18.

Oefening A4

Doel	Produktieve verwerking van 'iets', 'niets', 'iemand', 'niemand', 'ergens' en 'nergens'.
Werkwijze	Vul in. Zie les 4, oefening B5, p. 50.

Oefening A5

Doel	Verstaan van tekst 1: Bij een uitzendbureau.
Werkwijze	Maak de tekst compleet. Zie les 1, oefening C5, p. 28.

Lessuggestie

Doel	Reproduktie van tekst 1: Bij een uitzendbureau.
Werkwijze	Herhaal in de pauze de voorgaande zin. Zie 3.1.1, p. 15.
Opmerkingen	- De cursisten hoeven alleen de tekst van Humphrey Tamara te herhalen.

B   Tekst 2: Gesprek met een treinconducteur

Type	Luistertekst, interview.
Personen	Journalist, Twan Smeets.
Relatie	Interviewer en geïnterviewde.
Stijl	Formeel.
Functies	Vragen naar een beroep en reactie.
Begrippen	Beloning; loopbaan.
Werkwijze	Zie 3.1.1, p. 15.
Opmerkingen	- Wellicht behoeft de uitdrukking 'stevig in je schoenen staan' enige toelichting.
	- Er is geen gepauzeerde versie van deze tekst.

Oefening B1

Doel	Begrip van tekst 2: Gesprek met een treinconducteur.
Werkwijze	Beantwoord de vragen. Zie les 4, oefening D5, p. 53.

Vragen naar een beroep en reactie

Werkwijze   Zie 3.2, p. 18.

Opmerkingen   - Wijs de cursisten erop dat de vraag 'Wat voor werk doet u?' verschillende soorten antwoorden kan opleveren. Als aan deze vraag niet 'Wat is uw beroep' of 'Welk beroep hebt u?' vooraf is gegaan, kan het antwoord een beroep bevatten: 'Ik ben taxichauffeur, leraar, verkoper'. Een omschrijving geven van de werkzaamheden is ook mogelijk: 'Ik werk in een restaurant, op een bank, met kinderen'. Als iemand eerst zijn beroep heeft genoemd en daarna de vraag: 'Wat voor werk doet u?' krijgt, dan moet in het antwoord op die vraag een invulling van het soort werk worden gegeven.

Oefening B2

Doel   Verwerking van woordenschat uit tekst 2: Gesprek met een treinconducteur.

Werkwijze   Vul in. Zie les 10, oefening B4, p. 91.

Opmerkingen   - De oefening is weergegeven in de vorm van een doorlopend gesprek tussen A en B.

Oefening B3

Doel   Produktieve verwerking van begrippen en functies uit deze les.

Werkwijze   Beantwoord de vragen. Zie les 1, oefening C9, p. 29.

C   Tekst 3: Op zoek naar werk

Type   Luistertekst, 4 monologen.

Personen   Gerard, Marijke, Harmen, Cor.

Functies   Positief beoordelen; negatief beoordelen.

Begrippen   Opleiding; werkloosheid; loopbaan.

Werkwijze   Zie 3.1.1, p. 15.

Opmerkingen   - De tekst zal zeker enige toelichting vereisen. De sprekers hanteren een relatief rap tempo, er zitten een paar uitspraken in die uitgelegd moeten worden, zoals '... als ik moet wachten totdat die met pensioen gaat ...' en uitdrukkingen als 'ik sprong een gat in de lucht', 'met beide benen op de grond staan', 'dat zie ik echt niet zitten' en 'bollen gepeld'.

Oefening C1

Doel   Begrip van tekst 3: Op zoek naar werk.

Werkwijze   Beantwoord de vragen. Kies een van de vier namen.

Positief beoordelen

Werkwijze   Zie 3.2, p. 18.

Opmerkingen   - Dit is de vierde keer dat wordt ingegaan op 'positief beoordelen'. Aan deze functie werd eerder aandacht besteed in les 3, 5 en 13.

    - Wijs de cursisten erop dat de constructie met 'Dat lijkt me ...' gebruikt wordt in gevallen waarin iets komen gaat.

Negatief beoordelen

Werkwijze   Zie 3.2, p. 18.

Opmerkingen   - Net als positief beoordelen kwam negatief beoordelen eerder aan de orde in les 3, 5 en 13.

Oefening C2

Doel	Receptieve verwerking van 'positief en negatief beoordelen'.
Werkwijze	Kies de beste reactie. Zie les 6, oefening B2, p. 65.
Opmerkingen	- Ga zo nodig met de cursisten in discussie welk antwoord de beste reactie op de vraag vormt.

Oefening C3

Doel	Receptieve verwerking van woordenschat uit tekst 3. Op zoek naar werk.
Werkwijze	Welk woord hoort er niet bij? Zie les 3, oefening D1, p. 46.

Oefening C4

Doel	Receptieve verwerking van woordenschat uit tekst: Op zoek naar werk.
Werkwijze	Wat betekent ongeveer hetzelfde? Zie les 6, oefening A8, p. 64.

D **Tekst 4: Werkloos**

Type	Leestekst.
Begrippen	Werkloosheid.
Werkwijze	Zie 3.1.2, p. 17.
Opmerkingen	- De afkortingen en hun betekenissen zullen er voor sommige cursisten misschien gecompliceerd uitzien; maak de cursisten erop attent dat het slechts om voorbeelden van sociale wetten gaat.

Oefening D1

Doel	Begrip van tekst 4: Werkloos.
Werkwijze	Beantwoord de vragen. Zie les 4, oefening D5, p. 53.
Opmerkingen	- Vraag 3 is geen begripsvraag, maar een discussievraag, waarbij ingegaan kan worden op het verschil in systeem van sociale verzekeringen tussen Nederland en andere landen.

E **Tekst 5: Als je hoofd wat om handen wil hebben**

Type	Leestekst, advertentie.
Begrippen	Opleiding; loopbaan.
Werkwijze	Zie 3.1.2, p. 17.
Opmerkingen	- Probeer de cursisten zelf uit te laten vissen wat er met de titel van deze advertentie wordt bedoeld.

Oefening E1

Doel	Begrip van tekst 5: Als je hoofd wat om handen wil hebben.
Werkwijze	Lees tekst 5 en vul de bon in.

5.1   Inleiding

In dit hoofdstuk wordt aandacht besteed aan het kunnen verstaan en uitspreken van Nederlandse klanken. Lang niet alle klanken van het Nederlands komen in andere talen voor. Voor veel anderstaligen zijn bijvoorbeeld de /ei/ en /ui/ nieuw en is een onderscheid als dat tussen de /aa/ van 'maan' en de /a/ van 'man' onbekend. Dit kan inhouden dat een cursist aanvankelijk nauwelijks of geen verschil tussen /aa/ en /a/ hoort, waardoor ook de uitspraak problemen oplevert. Door middel van de luister- en uitspraakoefeningen die op cassette 3 zijn opgenomen kunnen de cursisten geholpen worden bij het herkennen en uitspreken van de Nederlandse klanken. In deze oefeningen komen niet alle mogelijke klanken en klankcombinaties van het Nederlands aan de orde. We gaan bijvoorbeeld niet in op het weinig relevante onderscheid tussen de /ɣ/ van 'vlaggen' en de /x/ van 'lachen' of op de /zj/ die enkel in Franse leenwoorden als 'garage' of 'horloge' voorkomt. Wel is getracht aan die klanken en klankopposities aandacht te besteden waar (bepaalde groepen) anderstaligen problemen mee kunnen hebben. In de oefeningen worden uitsluitend losse woorden of woordparen aangeboden, geen zinnen. In dit onderdeel wordt geen aandacht besteed aan de manier waarop de beginklank van een woord de eindklank van het voorgaande woord kan beïnvloeden, zoals in /igben/ voor 'ik ben'. Zonodig kunt u daarvoor de opnames van de teksten gebruiken.

De luister- en uitspraakoefeningen zijn niet gekoppeld aan een bepaalde les. Al naar gelang de klankdiscriminatie- en uitspraakproblemen van de cursisten, kunt u een of meerdere oefeningen selecteren. We raden u wel aan daar niet te lang mee te wachten, om te voorkomen dat de cursisten hardnekkige problemen blijven houden met het verstaan of uitspreken van een bepaalde klank. Luisteroefeningen gaan daarbij vooraf aan uitspraakoefeningen. Voorwaarde voor het kunnen uitspreken van een klank is dat de cursist die klank kan waarnemen. De beschrijving en de tekst van de oefeningen zijn in de laatste paragraaf van dit hoofdstuk opgenomen. Waar mogelijk zijn in de oefeningen alleen woorden gebruikt die in deel 1 voorkomen. We beginnen met enkele opmerkingen over het verschil tussen spelling en uitspraak. In paragraaf 5.3 worden de klinkers en tweeklanken beschreven. Daarbij zijn per klank enige beknopte gegevens opgenomen over de vorming van de klank, alsmede enkele didactische aanwijzingen. Tevens wordt verwezen naar de betreffende oefeningen. In paragraaf 5.4 gebeurt hetzelfde voor de medeklinkers en medeklinkercombinaties.

5.2   Klank en spelling

Tussen klank en spelling bestaat geen vaste relatie. Een klank wordt vaak op verschillende manieren gespeld. De klank /p/ wordt in 'poes' als 'p' geschreven, maar in 'heb' als 'b'; de /ie/ is in 'riet' weergegeven als 'ie', maar in 'kiwi' als 'i'. Omgekeerd komt het voor dat een letter meer dan een klank kan vertegenwoordigen. De letter 'e' klinkt als drie verschillende klanken in de drie lettergrepen van 'terdege' en 'Enschede'.

De spelling kan daarom een storende rol spelen, als u uw cursisten wilt uitleggen hoe de Nederlandse spraakklanken worden uitgesproken. Wilt u de klanken toch schriftelijk weergeven (bijvoorbeeld op het bord), dan raden we u aan ze als volgt aan te duiden: (a) tussen schuine strepen, en (b) met een voorbeeld. Dus: de /u/ van 'bus'; de /uu/ van 'minuut'. Spreek dit hardop uit, want het gaat om de informatie voor het oor en niet ̄ zozeer om de informatie voor het oog.

Om didactische redenen wijkt de manier waarop de klanken worden aangeduid, gedeeltelijk af van de symbolen die in de fonologie gangbaar zijn.

5.3   Klinkers en tweeklanken

Klinkers		Tweeklanken	
/a/	als in 'man'	/ei/	als in 'vijf'
/aa/	als in 'naam'	/ui/	als in 'huis'
/i/	als in 'zin'	/au/	als in 'koud'
/ie/	als in 'tien'	/eeuw/	als in 'leeuw'
/o/	als in 'sok'	/ieuw/	als in 'nieuw'
/oo/	als in 'rook'	/uw/	als in 'duw'
/e/	als in 'les'	/aai/	als in 'draai'
/ee/	als in 'been'	/ooi/	als in 'mooi'
/u/	als in 'bus'	/oei/	als in 'roei'
/uu/	als in 'minuut'		
/eu/	als in 'neus'		
/oe/	als in 'boek'		

Articulatie

Bij het articuleren van klinkers spelen de mondstand en de positie van de tong een belangrijke rol. De klinkers kunnen beschreven worden aan de hand van de volgende drie kenmerken:

1 voor/achter. De tong ligt bij de uitspraak van een klinker voor of achter in de mond. Vergelijk /ie/ en /ee/ (voorklinkers) met /oe/ en /oo/ (achterklinkers).

2 open/gesloten. De mondholte is bij het uitspreken van een klinker open dan wel relatief gesloten. In het rijtje /viel/, /veel/, /vel/, /vaal/ gaat de mond steeds meer open. Vergelijk ook de volgende reeks, beginnend met een gesloten en eindigend met een open klinker: /roek/, /rook/, /rok/, /rak/.

3 gespreid/gerond. De lippen zijn bij de uitspraak van een klinker gespreid of gerond, vergelijk /bier/ (gespreid) en /buur/ (gerond). Sommige voorklinkers worden met gespreide lippen uitgesproken, de achterklinkers worden met geronde lippen uitgesproken. Wanneer bij het uitspreken van de voorklinkers /ie/, /ee/ en /e/ de lippen worden gerond, resulteert dat in respectievelijk /uu/, /eu/ en /u/.

De articulatie van de klinkers kan door middel van de onderstaande figuur worden weergegeven.

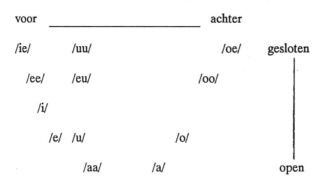

/a, aa/

Veel anderstaligen hebben moeite met het onderscheid tussen de /a/ van 'man' en de /aa/ van 'naam'. Beide klanken zijn open klinkers: bij het uitspreken zakt de onderkaak. De /a/ wordt, in tegenstelling tot de /aa/, achterin de mond gevormd.

Oefeningen: 1, 2, 3, 4.

/i, ie/

Bij het uitspreken van de /ie/ van 'tien' zijn de lippen gespreid, terwijl de mondhoeken naar achter getrokken worden. De /ie/ is een gesloten klinker: boven- en onderkaak zijn dicht bij elkaar. Bij de /i/ van 'zin' liggen de kaken iets verder uit elkaar dan bij de /ie/. Wordt de /i/ als een /ie/ uitgesproken, dan kunt u er de cursist op wijzen de onderkaak iets te laten zakken.

Oefeningen: 5, 6, 7, 8, 9.

/o, oo/

Bij de /oo/ van 'rook' zijn de lippen gerond en ligt de tong achterin de mond. Dit geldt eveneens voor de /o/ van 'sok', maar de mondopening is bij de /o/ iets groter dan bij de /oo/. Klinkt de /o/ als een /oo/, dan is de mondopening te klein. Omgekeerd kan het voorkomen dat de /oo/ als een /o/ klinkt. In dat geval moet de onderkaak iets zakken. Het kan ook gebeuren dat de /oo/ te veel als een /oe/ wordt uitgesproken. Wijs de cursist er dan op de mondhoeken iets terug te duwen. Wanneer de /oo/ gevolgd wordt door een /r/, verglijdt de klank; vergelijk 'dood' en 'door'.

Oefeningen: 10, 11, 12, 13, 14.

/e, ee/

Bij het uitspreken van de /e/ zakt de onderkaak iets, meer dan bij de /ee/. Wanneer de /e/ als /i/ klinkt, is de mond niet ver genoeg open. De /ee/ wordt soms als /ie/ uitgesproken. In dat geval moet de onderkaak iets zakken. In de combinatie /eer/ klinkt de /ee/ als een lang aangehouden /i/, vergelijk 'heer' en 'heet'.

Oefeningen: 15, 16, 17, 18, 19, 20.

/u, uu/

Bij de /uu/ van 'minuut' zijn de lippen gerond. De positie van de tong is dezelfde als die bij de /ie/. Als er problemen zijn met het uitspreken van de /uu/ kan van de /ie/ worden uitgegaan. De tong blijft in dezelfde stand, maar de lippen worden gerond. Het kan ook voorkomen dat de /uu/ als /oe/ wordt uitgesproken. In dat geval ligt de tong te ver achterin de mond.

Bij de /u/ van 'bus' zijn de lippen iets minder gerond dan bij de /uu/. Zoals de /uu/ vanuit de /ie/ kan worden gevormd, kan bij de /u/ van de /i/ worden uitgegaan. De positie van de tong is bij /i/ en /u/ gelijk. Door bij de /i/ de lippen te ronden, wordt de /u/ verkregen.

Oefeningen: 21, 22, 23.

/eu/

Bij de /eu/ van 'neus' heeft de tong dezelfde positie als bij de /ee/. In tegenstelling tot de /ee/ worden bij de /eu/ de lippen gerond. Cursisten die moeite hebben met het uitspreken van de /eu/ kan worden aangeraden een /ee/ te zeggen en daarbij de lippen te ronden. Gevolgd door een /r/ klinkt de /eu/ als een lang aangehouden /u/, vergelijk 'deur' en 'deuk'.

Oefeningen: 24, 25, 26, 27.

/oe/

De lippen zijn gerond en de tong ligt achter in de mond bij het uitspreken van de /oe/ van 'boek'. Is de mondholte te ver open, dan klinkt de /oe/ als een /oo/. Lijkt de /oe/ te veel op een /uu/, dan ligt de tong te ver naar voren in de mond.

Oefeningen: 28, 29, 30, 31.

/ei/

Tijdens het uitspreken van de tweeklank /ei/ van 'vijf' gaat de positie van mond en tong over van /e/ naar /ie/. U kunt dit oefenen met cursisten die moeite hebben met het uitspreken van de /ei/.

Oefeningen: 32, 33, 34, 35.

/ui/

De tweeklank /ui/ van 'huis' wordt met geronde lippen uitgesproken. Aan het eind van de klank is de mondopening kleiner dan aan het begin. De klank verglijdt van een /u/, zoals in 'freule', naar een /ie/ of /uu/. In een woord als 'truien' treedt verglijding op naar /ie/, in 'huis' naar /uu/.

Oefeningen: 36, 37, 38, 39.

/au/

Mondvorm en positie van de tong gaan over van /a/ naar /oe/ bij het uitspreken van de /au/ van 'koud'. De mondopening wordt kleiner, de lippen worden gerond en de tong gaat naar achter.

Oefeningen: 37, 39.

/eeuw, ieuw, uw/

De tweeklanken /eeuw/ van 'leeuw', /ieuw/ van 'nieuw' en /uw/ van 'duw' verglijden tijdens het uitspreken van respectievelijk /ee/, /ie/ en /uu/ naar /oe/ of /w/. In alle gevallen wordt de mondopening kleiner en ronden de lippen zich.

Oefeningen: 40, 41.

/aai, ooi, oei/

De tweeklanken /aai/ van 'draai', /ooi/ van 'mooi' en /oei/ van 'roei' gaan bij het uitspreken over van respectievelijk /aa/, /oo/ en /oe/ naar een /ie/ of /j/. Daarbij woorden de lippen gespreid en de mondhoeken worden naar achter getrokken.

Oefeningen: 42, 43, 44.

Medeklinkers

/t/	als in 'tas'
/d/	als in 'doek'
/p/	als in 'pak'
/b/	als in 'bed'
/l/	als in 'land'
/r/	als in 'rok'
/s/	als in 'sap'
/z/	als in 'zon'
/f/	als in 'fiets'
/v/	als in 'avond'
/m/	als in 'mes'
/n/	als in 'nat'
/ng/	als in 'wang'
/k/	als in 'keel'
/g/	als in 'geld'
/h/	als in 'hap'
/w/	als in 'water'
/j/	als in 'ja'
/sj/	als in 'kastje'
/nj/	als in 'oranje'

Medeklinkergroepen

/sch/	als in 'schoen'
/schr/	als in 'schrijf'
/sp/	als in 'spel'
/spr/	als in 'spring'
/st/	als in 'stad'
/str/	als in 'strip'
/nk/	als in 'bank'
/tj/	als in 'tja'
/kj/	als in 'hokje'

Articulatie

De articulatie van medeklinkers wordt bepaald door onderstaande drie factoren.

1 Manier van articulatie:
- de luchtstroom wordt gedurende korte tijd tegengehouden, waarna men de lucht laat ontsnappen: /p, b, t, d, k/;
- de lucht wordt door een vernauwde mondruimte geperst, zoals bij /f, v, s, z, sj, g/;
- de lucht ontsnapt door de neus: /m, n, ng/;
- de lucht stroomt zijdelings langs de tong: /l/;
- bij de /r/ trilt de punt van de tong (tongpunt-r) of het achterste gedeelte van de tong (huig-r) mee.

2 Plaats van articulatie:
- onderlip + bovenlip: /p, b, m/;
- onderlip + boventanden: /f, v, w/;
- tongpunt + bovenste tandkas: /t, d, s, z, n, l, r/;
- tongblad + harde verhemelte: /sj, j/;
- tongrug + zachte verhemelte: /k, g, ng/
- tongrug + huig: huig-r.

3 Stemloos/stemhebbend:
- bij de stemloze medeklinkers trillen de stembanden niet: /p, t, k, g, f, s, sj, h/;
- bij de stemhebbende medeklinkers trillen de stembanden wel: /b, d, v, z, m, n, ng, r, l, j, w/.

/t, d/

/t/ en /d/ worden uitgesproken met de tongpunt tegen de boventandkas aan, bij de /t/ iets krachtiger dan bij de /d/. De /t/ is stemloos, de /d/ stemhebbend. De stand van de lippen hangt af van de begeleidende klinker, vergelijk /doe/ en /die/.

Oefeningen: 45, 46, 47, 48.

/p, b/

/p/ en /b/ worden uitgesproken met de lippen op elkaar, bij de /p/ iets krachtiger dan bij de /b/. De stand van tong en lippen worden mede bepaald door de begeleidende klinker, vergelijk 'boek' en 'beek'. Laat cursisten die moeite hebben met het onderscheid tussen /p/ en /b/ hun wangen of strottehoofd aanraken: deze trillen mee bij het uitspreken van de stemhebbende /b/, maar niet bij de stemloze /p/.
Oefeningen: 49, 50, 51, 52.

/l, r/

De /l/ wordt uitgesproken met de tongpunt net achter de boventanden. Als de tong te ver naar achter wordt geplaatst, resulteert dit in een zogenaamde 'dikke l'.
De /r/ kan op twee manieren worden gevormd: door de punt van de tong in de richting van de boventandkas in trilling te brengen (de zogenaamde tongpunt -r) of door de huig te laten trillen (de zogenaamde huig-r). De klanken zijn in het dagelijks spreken gelijkwaardig.
Sommige anderstaligen hebben moeite met het onderscheid tussen /l/ en /r/. De articulatieplaats is voor de tongpunt-r en de /l/ dezelfde; soms lukt het niet de tong in trilling te brengen bij de /r/. In dat geval kan geprobeerd worden de /r/ door een licht uitgesproken /d/ te vervangen.
Oefeningen: 53, 54, 55, 56.

/s, z/

Bij /s/ en /z/ wordt de tong tegen het harde gedeelte achter de boventandkassen geplaatst, terwijl de lucht door een kleine opening wordt geperst. Wanneer de /s/ als /sj/ klinkt, dan is de tong te ver naar achter geplaatst. De /s/ is stemloos, de /z/ stemhebbend. Overigens wordt door velen de /z/ als stemloze /s/ uitgesproken.
Oefeningen: 57, 60.

/sch, schr, sp, spr, st, str/

Een aantal medeklinkergroepen beginnend met /s/ levert soms problemen op. Een veel voorkomende fout is het invoegen van een zogenaamde 'sjwa' of 'stomme e' tussen de /s/ en de daaropvolgende medeklinker: 'schoen' wordt 'sǝchoen', 'spelen' wordt 'sǝpelen', 'straat' wordt 'sǝtraat'. Een ander probleem vormt de combinatie met 'ch', resulterend in /sj/ of /sk/ in plaats van /sch/. In de combinatie /schr/ blijft van de /ch/ vaak niet veel over. Indien een cursist erg veel moeilijkheden heeft met de uitspraak van een woord als 'schrijven', kunt u hem aanraden 'srijven' te zeggen.
Oefeningen: 58, 59.

/f, v/

/f/ en /v/ worden uitgesproken met de boventanden tegen de onderlip aan. De /f/ is stemloos, de /v/ stemhebbend, maar de /v/ wordt vaak als een stemloze /f/ uitgesproken. Klinkt de /v/ als een /b/, dan zijn onder- en bovenlip tegen elkaar, in plaats van onderlip en boventanden.
Oefeningen: 61, 62.

/m, n/

/m/ en /n/ zijn neusklanken: de lucht ontsnapt door de neus. De /n/ wordt op dezelfde plaats gevormd als de /t/ en /d/, met de punt van de tong tegen de boventanden aan. Bij de /m/ komen beide lippen op elkaar, zoals bij /b/ en /p/.
Oefeningen: 63, 64, 65, 66, 67.

/ng, nk/

De /ng/ is evenals de /m/ en /n/ een neusklank. Bij het uitspreken van de /ng/ sluiten de tongrug en het zachte verhemelte de mondholte af van de neusholte, terwijl de punt van de tong losjes tegen de ondertanden ligt. De klank is het makkelijkst aan te leren aan het eind van een woord. De /ng/ kan lang aangehouden worden; /nk/ daarentegen niet.

Oefeningen: 68, 69, 70, 71.

/k, g/

/k/ en /g/ worden gevormd met de tongrug tegen het zachte verhemelte aan. Bij de /k/ ontsnapt de lucht met een soort plofje; bij de /g/ is dit niet het geval. De /g/ kan aangehouden worden, de /k/ niet. U kunt de cursist hierop wijzen, als de /g/ als /k/ wordt uitgesproken. De uitspraak van de /g/ kan variëren van 'zacht' tot 'scherp'. Bij een 'zachte g' wordt de tong meer naar voren gebracht.

Oefeningen: 72, 73, 74, 75, 77, 80.

/h/

De /h/ bestaat uit niets anders dan een stemloze uitademing, een korte zucht als het ware. Bij het aanleren van de /h/ kunt u van natuurlijke verrichtingen als gapen en zuchten uitgaan. Als de /h/ als /g/ wordt uitgesproken, is het achterste gedeelte van de tong te veel gewelfd.

Oefeningen: 76, 77, 78, 79, 80.

/w/

De /w/ wordt net als /f/ en /v/ met de onderlip tegen de boventanden aan gevormd. Wanneer de /w/ als een /b/ klinkt, worden onder- en bovenlip te dicht bij elkaar gebracht. De /w/ wordt alleen tweelippig gevormd als er een tweeklank aan vooraf gaat, zoals in 'duw' of 'sneeuw'. In het zuiden van Nederland, in Vlaanderen en in het Surinaams-Nederlands komt de tweelippige /w/ ook aan het begin of in het midden van een woord voor. Als de /w/ als /v/ of /f/ wordt uitgesproken, kunt u de cursist wijzen op het verschil in luchtstroom op de rug van de hand.

Oefeningen: 81, 82, 83, 84.

/j, sj, tj, nj, kj/

De /j/ wordt gevormd met het tongblad in de richting van het harde verhemelte. De stand van de tong is gelijk als bij de /ie/, maar bij de /j/ wordt de tong nog iets meer gewelfd.

Bij de /nj/ wordt de tong nog iets meer naar achter geplaatst, vergelijk 'je' en 'franje'.

/sj/ en /tj/ vormen de beginklanken van een klein aantal Nederlandse woorden; we komen deze klanken daarentegen regelmatig tegen in verkleinwoorden. Bij de /sj/ worden de lippen gerond, terwijl de tong iets meer naar achter getrokken worden dan bij de /s/. Bij de /tj/ wordt de /t/ iets meer in de richting van het gehemelte gevormd.

Ook de /kj/ verschijnt vooral in verkleinwoorden. Onder invloed van de /j/ wordt de /k/ daarbij iets in de richting van het harde gehemelte getrokken.

Oefeningen: 85, 86, 87.

5.5   Oefeningen

Oefenvormen

Cassette 3 bevat de luister- en uitspraakoefeningen. Alle oefeningen bevatten tien items. Zoals boven werd opgemerkt, gaat herkenning van een klank vooraf aan produktie. Wilt u met een cursist een bepaalde klank oefenen, dan raden we u aan eerst de luister- en daarna de uitspraakoefeningen te doen. Niet voor alle klanken zijn luisteroefeningen opgenomen. Dit betreft de klanken waarbij redelijkerwijs geen specifieke herkenningsproblemen verwacht worden, zoals bij de /s/. Er is in dat geval wel een uitspraakoefening.

Bedenk dat veel klanken aan hun eind een beetje anders klinken dan aan hun begin. Ze verkleuren als het ware. Dat gebeurt onder invloed van de klank die erop volgt. Zo klinken de meeste klinkers anders voor een /p/, /t/ en /k/ dan voor een /r/ of /l/, vergelijk 'weet' en 'weer'. Er is met name sprake van verkleuring wanneer op de /ie, oo, ee, uu, eu/ een /r/ volgt. Bij het aanleren van de uitspraak van klinkers is het daarom beter niet te beginnen met woorden waarin de klinker gevolgd wordt door een /r/. In een aantal oefeningen wordt apart aandacht besteed aan de uitspraak van woorden op /ier, oor, eer, uur, eur/.

Zorg ervoor dat de cursisten niet de tekst van de oefeningen onder ogen krijgen. Dat zou namelijk tot gevolg kunnen hebben dat ze klank en spelling met elkaar gaan verwarren. Ga ook niet teveel in op de betekenis van de aangeboden woorden. Het gaat er bij de oefeningen voornamelijk om verschillen in klank te horen.

Luisteroefeningen

Er zijn twee soorten luisteroefeningen:

1 Klinken de woorden hetzelfde?

De cursisten horen tien woordparen. Ze moeten van elk paar aangeven of de woorden hetzelfde klinken of niet. U kunt hierbij als volgt te werk gaan. Laat de cursisten de getallen 1 tot en met 10 onder elkaar opschrijven. Vraag de cursisten een + te noteren als twee woorden hetzelfde klinken en een - als dit niet het geval is. Start de cassette. Controleer na afloop de antwoorden met behulp van de cassette.

2 In welk woord hoor je ...?

De cursisten horen tien woorden. De cursist moet aangeven of hij de gevraagde klank in deze woorden hoort. De werkwijze kan als volgt gaan. Laat de cursisten de getallen 1 tot en met 10 onder elkaar opschrijven. Vraag hun een + te noteren bij de items waarin ze de gevraagde klank horen, een - als dit niet het geval is. Start de cassette. Controleer na afloop de antwoorden met behulp van de cassette.

Uitspraakoefeningen

Bij de uitspraakoefeningen moeten de cursisten losse woorden of woordparen herhalen. De instructie luidt: 'Herhaal'. De oefeningen zijn zo opgenomen dat er na elk woord of woordpaar voldoende tijd voor de cursist is om dit te herhalen. De cassette kan dus in principe doorlopen. Zonodig kunt u de cursist onderbreken om de uitspraak te corrigeren.

Oefening 1: /aa/ en /a/

Klinken de woorden hetzelfde?

1	naam	-	nam
2	staat	-	stad
3	daar	-	daar
4	maar	-	maar
5	lag	-	laag
6	vak	-	vaak
7	waar	-	waar
8	laat	-	laat
9	land	-	land
10	gaat	-	gat

Oefening 2: /aa/

Herhaal:
ja
naam
jaar
plaats
straat
maand
waar
maar
daar
maart

Oefening 3: /a/

Herhaal:
man
van
mag
dan
Jan
acht
wat
land
dat
dag

Oefening 4: /aa/ en /a/

Herhaal:
daarna
aardappel
aantal
langzaam
vakantie
allemaal
vandaag
maandag
asbak
aandacht

Oefening 5: /ie/ en /i/

Klinken de woorden hetzelfde?

1	pit	-	Piet
2	ziet	-	zit
3	wil	-	wiel
4	niet	-	niet
5	zien	-	zin
6	tien	-	tien
7	vis	-	vies
8	wit	-	wit
9	in	-	in
10	lied	-	lid

Oefening 6: /ie/ en /i/

In welk woord hoor je /ie/?

1	wil
2	zin
3	tien
4	is
5	vies
6	zien
7	drie
8	in
9	niet
10	ik

Oefening 7: /ie/

Herhaal:
die
liever
fiets
tien
bied
liep
brief
niets
vriend
vies

Oefening 8: /i/

Herhaal:
dit
ding
film
pils
bril
wilt
april
begin
niks
stil

Oefening 9: /ie/ en /i/

Herhaal:
inlichten
ieder
kritiek
beslissen
gisteren
kwartier
industrie
aanbieden
informatie
politie

Oefening 10: /oo/ en /o/

Klinken de woorden hetzelfde?

1	koop	-	kop
2	op	-	op
3	kok	-	kook
4	brood	-	brood
5	nog	-	nog
6	zo	-	zo
7	woont	-	wond
8	slot	-	sloot
9	sok	-	sok
10	zon	-	zoon

Oefening 11: /oo/

Herhaal:
zo
dood
kook
brood
boven
hoop
ook
koop
woon
rood

Oefening 12: /o/

Herhaal:
op
nog
los
toch
kop
morgen
dorst
om
honden
koffie

Oefening 13: /oo/ en /o/

Herhaal:

wond	-	woont
zon	-	zoon
toon	-	ton
boon	-	bon
bom	-	boom
kop	-	koop
pot	-	poot
boos	-	bos
slot	-	sloot
oog	-	och

Oefening 14: /oor/

Herhaal:
voor
door
oor
spoor
storen
stoort
horen
soort
woord
hoorden

Oefening 15: /ee/ en /e/

Klinken de woorden hetzelfde?

1	en	-	één
2	welk	-	welk
3	been	-	ben
4	les	-	lees
5	snel	-	snel
6	meet	-	met
7	neem	-	neem
8	bed	-	bed
9	beeld	-	belt
10	beest	-	best

Oefening 16: /ee/

Herhaal:
een
twee
neem
veel
geef
been
week
eten
zeker
beter

Oefening 17: /e/

Herhaal:
en
zes
welk
snel
hebben
zeggen
echt
met
werk
verder

Oefening 18: /ee/ en /e/

Herhaal:

en	-	één
lees	-	les
leg	-	leeg
meen	-	men
twee	-	twee
ben	-	been
speel	-	spel
best	-	beest
geen	-	geen
met	-	meet

Oefening 19: /eer/

Herhaal:
keer
meer
neer
eerder
eerst
weer
verkeerd
kleren
leer
heren

Oefening 20: /eer/ en /ier/

Klinken de woorden hetzelfde?

1	meer	-	mier
2	nier	-	neer
3	beer	-	beer
4	hier	-	hier
5	bier	-	beer
6	heer	-	hier
7	vier	-	vier
8	eer	-	Ier
9	dier	-	dier
10	leer	-	leer

Oefening 21: /uu/ en /u/

In welk woord hoor je /uu/?
1 kus
2 brug
3 zuur
4 club
5 dun
6 uur
7 minuut
8 dus
9 duur
10 bus

Oefening 22: /uu/

Herhaal:
u
minuut
stuurt
buurt
juni
duur
muur
zuur
huur
natuur

Oefening 23: /u/

Herhaal:
dun
rug
brug
bus
vlug
club
kus
stuk
zullen
hun

Oefening 24: /eu, oo/ en /uu/

In welk woord hoor je /eu/?
1 keuken
2 leuk
3 rood
4 breuk
5 koken
6 reus
7 neus
8 koop
9 keus
10 Guus

Oefening 25: /eu/

Herhaal:
leuk
neus
keuken
reuk
keus
meubel
deur
kleur
beurt
geur

Oefening 26: /eu, oo/ en /uu/

Herhaal:
neus
boos
minuut
reuk
kook
leuk
vuur
reus
duur
koop

Oefening 27: /eur, oor/ en /uur/

Klinken de woorden hetzelfde?

1	duur	-	door
2	beurt	-	beurt
3	voor	-	voor
4	deur	-	duur
5	kleur	-	kleur
6	door	-	deur
7	buurt	-	buurt
8	vuur	-	voor
9	hoort	-	huurt
10	duurt	-	duurt

Oefening 28: /oe, oo/ en /uu/

Klinken de woorden hetzelfde?

1	goed	-	goed
2	muur	-	muur
3	schoon	-	schoen
4	voor	-	voer
5	boek	-	boek
6	zoek	-	zoek
7	boer	-	buur
8	hoeft	-	hoofd
9	groet	-	groot
10	kook	-	koek

Oefening 29: /oe/

In welk woord hoor je /oe/?

1	groen
2	duur
3	bloed
4	vloer
5	woord
6	beroep
7	stuur
8	blouse
9	hoofd
10	vroeg

Oefening 30: /oe/

Herhaal:
hoe
vroeg
doen
bezoek
hoek
boek
voet
goed
retour
bedoel

Oefening 31: /oe, oo/ en /uu/

Herhaal:

hoe	-	hoe
boer	-	buur
schoen	-	schoon
hoek	-	hoek
groet	-	groot
kook	-	koek
boom	-	boom
doen	-	doen
hoofd	-	hoeft
vuur	-	voer

Oefening 32: /ei, ee, i/ en /e/

Klinken de woorden hetzelfde?

1	krijg	-	kreeg
2	wijd	-	wit
3	rest	-	reist
4	lijn	-	lijn
5	leek	-	leek
6	spijt	-	speet
7	meen	-	mijn
8	klein	-	klein
9	leed	-	leed
10	eind	-	eind

Oefening 33: /ei, ee, i/ en /e/

In welk woord hoor je /ei/?

1	mijn	-	men
2	krijg	-	kind
3	vreemd	-	vijf
4	reizen	-	rechts
5	heeft	-	spijt
6	benen	-	eind
7	negen	-	eigen
8	klein	-	met
9	ijs	-	meest
10	beide	-	benen

Oefening 34: /ei/

Herhaal:

ijs
rijden
eind
klein
prijs
begrijp
bijna
beide
terwijl
vijf

Oefening 35: /ei, ee, i/ en /e/

Herhaal:

wijd	-	wit
ijs	-	is
min	-	mijn
mij	-	mee
sneed	-	snijd
begrijp	-	begreep
rit	-	rijd
zee	-	zij
eind	-	eend
leed	-	lijd

Oefening 36: /ui/

In welk woord hoor je /ui/?

1	zout
2	kus
3	stuiver
4	oud
5	buiten
6	neus
7	druif
8	nauw
9	ruilen
10	ruimte

Oefening 37: /ui, u, eu/ en /au/

In welk woord hoor je /ui/?

1	buiten	-	bussen
2	keuken	-	kuiken
3	ruim	-	gauw
4	trui	-	oud
5	uit	-	leuk
6	nauw	-	huis
7	tuin	-	neus
8	huis	-	tussen
9	zuid	-	zout
10	fruit	-	fout

Oefening 38: /ui/

Herhaal:
suiker
buigen
duidelijk
gebruik
ruilen
zuid
duizend
buitenlander
bruin
thuis

Oefening 39: /ui, u, eu/ en /au/

Herhaal:

zout	-	zuid
kuiken	-	keuken
oud	-	uit
tuin	-	Teun
tussen	-	thuis
Ruud	-	ruit
bus	-	buis
vuil	-	vul
rum	-	ruim
buit	-	bout

Oefening 40: /eeuw, ieuw/ en /uw/

In welk woord hoor je /eeuw/?

1	nieuw
2	eeuw
3	luw
4	geeuw
5	duw
6	nieuws
7	sneeuw
8	kieuw
9	leeuw
10	ruw

Oefening 41: /eeuw, ieuw/ en /uw/

Herhaal:
nieuw
uw
duw
nieuws
gehuwd
opnieuw
meeuw
sneeuw
ruw
eeuw

Oefening 42: /aai, ooi/ en /oei/

Klinken de woorden hetzelfde?

1	dooi	-	doei
2	fooi	-	foei
3	mooi	-	maai
4	draai	-	draai
5	hooi	-	haai
6	doei	-	doei
7	zwaai	-	zwaai
8	waai	-	woei
9	hooi	-	hooi
10	groei	-	groei

Oefening 43: /aai, ooi/ en /oei/

In welk woord hoor je /aai/?
1   mooie
2   naaide
3   doei
4   fooi
5   bandplooi
6   draaien
7   groeide
8   rooie
9   maaien
10 hooi

Oefening 44: /aai, ooi/ en /oei/

Herhaal:
foei
draai
gooi
roei
haai
mooi
boei
groei
plooi
rotzooi

Oefening 45: /t/ en /d/

Klinken de woorden hetzelfde?
1   toen   -   doen
2   duur   -   tuur
3   de   -   te
4   das   -   das
5   baden   -   baten
6   deed   -   deed
7   tussen -   tussen
8   bieden -   bieten
9   tuin   -   duin
10 toch   -   toch

Oefening 46: /t/ en /d/

In welk woord hoor je /t/?
1   tussen
2   duur
3   doen
4   toch
5   teen
6   das
7   door
8   tegen
9   tuin
10 tas

Oefening 47: /t/

Herhaal:
toren
eten
achter
gaat
trein
trekken
toch
eerste
tijger
tachtig

Oefening 48: /d/

Herhaal:
duin
deden
harde
vader
druif
denk
druk
bieden
leden

Oefening 49: /p/ en /b/

Klinken de woorden hetzelfde?
1   band   -   pand
2   bed   -   pet
3   pak   -   pak
4   pas   -   bas
5   post   -   post
6   broek   -   broek
7   belt   -   pelt
8   bril   -   pril
9   buurt   -   buurt
10 blad   -   blad

Oefening 50: /p/ en /b/

In welk woord hoor je /b/?
1   bed
2   pas
3   blad
4   plat
5   loop
6   slapen
7   bril
8   meubel
9   bui
10 pijn

Oefening 51: /p/

Herhaal:
pand
liep
helpen
plaat
slaapt
prijs
praat
plank
pop
Jaap

Oefening 52: /b/

Herhaal:
baan
brengen
blijven
brood
gebeurt
gebleven
hebben
hobby
ober
dubbel

Oefening 53: /l/ en /r/

Klinken de woorden hetzelfde?
1   laat   -   raad
2   leuk   -   leuk
3   regen   -   regen
4   rood   -   lood
5   keel   -   keer
6   ruim   -   ruim
7   land   -   rand
8   lang   -   lang
9   krant   -   klant
10 lijk   -   rijk

Oefening 54: /l/ en /r/

In welk woord hoor je /l/?
1   laag
2   lepel
3   raar
4   los
5   rok
6   rug
7   land
8   lucht
9   rood
10 links

Oefening 55: /l/

Herhaal:
lucht
later
leer
lopen
veel
glas
klaar
kleur
alles
vloer

Oefening 56: /r/

Herhaal:
regel
raar
reizen
roepen
retour
prijs
groot
druif
vroeg
brief

Oefening 57: /s/

Herhaal:
seconde
salami
slecht
soms
tussen
pas
meest
suiker
systeem
lessen

Oefening 58: /sch/ en /schr/

Herhaal:
scheelt
schouder
schoen
school
schrijven
schrijfster
geschreven
geschikt
schitterend
schilderij

Oefening 59: /sp, spr, st/ en /str/

Herhaal:
stad
steeds
stuiver
strip
straks
spelen
Spaans
springen
gesprongen
gestaan

Oefening 60: /z/

Herhaal:
zee
zo
zuid
ze
zwaar
zwart
zelf
lezen
gezien
bezoek

Oefening 61: /f/

Herhaal:
fiets
familie
flink
fles
Frans
fruit
fijn
formulier
geeft
brief

Oefening 62: /v/

Herhaal:
vaak
vanavond
vla
even
blijven
veilig
vervoer
behalve
daarvoor
vreemd

Oefening 63: /m/ en /n/

Klinken de woorden hetzelfde?

1	maar	-	naar
2	mooi	-	mooi
3	boom	-	boom
4	muur	-	muur
5	mier	-	nier
6	meer	-	neer
7	bom	-	bon
8	dam	-	dan
9	geen	-	geen
10	vreemd	-	vreemd

Oefening 64: /m/ en /n/

In welk woord hoor je /m/?

1	maar
2	mee
3	naar
4	net
5	middag
6	nu
7	moet
8	raam
9	boon
10	doen

Oefening 65: /m/

Herhaal:
maat
melk
om
mist
immers
moet
riem
komt
hem
meestal

Oefening 66: /n/

Herhaal:
neer
niets
nauw
nooit
naast
geen
bent
ineens
enig
even

Oefening 67: /m/ en /n/

Herhaal:
lamp
land
komst
dient
meent
hemd
vreemd
beroemd
bekend
ramp

Oefening 68: /ng, nk/ en /n/

Klinken de woorden hetzelfde?

1	bang	-	bank
2	dank	-	dan
3	lang	-	lang
4	donker	-	donker
5	honger	-	honger
6	eng	-	en
7	mengen	-	mengen
8	hangt	-	hand
9	jongen	-	jongen
10	bang	-	ban

Oefening 69: /ng, nk/ en /n/

In welk woord hoor je /ng/?
1   langs
2   vinger
3   danst
4   vink
5   vent
6   brengt
7   mening
8   koningin
9   bank
10 donker

Oefening 70: /ng/

Herhaal:
eng
bang
jong
vinger
honger
lang
jongen
koningin
langzaam
afdeling

Oefening 71: /ng, nk/ en /n/

Herhaal:

hangt	-	hand
dank	-	dan
menen	-	mengen
bang	-	ban
band	-	bang
eng	-	en
langs	-	lans
tong	-	ton
engel	-	enkel
ving	-	vink

Oefening 72: /k, g/ en /h/

Klinken de woorden hetzelfde?

1	geen	-	heen
2	heeft	-	heeft
3	geel	-	keel
4	goud	-	goud
5	geeft	-	heeft
6	goor	-	koor
7	gaaf	-	gaaf
8	gisteren	-	gisteren
9	goud	-	koud
10	geld	-	geld

Oefening 73: /k, g/ en /h/

In welk woord hoor je /g/?
1 haan
2 geen
3 held
4 koor
5 goud
6 heeft
7 geld
8 keel
9 geel
10 geeft

Oefening 74: /k/

Herhaal:
koffie
koken
krant
kwartje
loket
elkaar
bakken
vaak
ook
melk

Oefening 75: /g/

Herhaal:
gaan
geel
genoeg
leeg
glas
graag
gegeven
groot
ergens
beginnen

Oefening 76: /h/

Herhaal:
hand
hier
houden
hulp
huis
hoort
hout
huur
heeft
herhaal

Oefening 77: /k, g/ en /h/

Herhaal:
gehad
gekomen
gegokt
gezien
gezakt
kreeg
handig
hagelslag
hoog
krijgen

Oefening 78: /h/

Klinken de woorden hetzelfde?
1 hoor - oor
2 haal - haal
3 hier - hier
4 hen - en
5 hoog - oog
6 huur - huur
7 hout - oud
8 hard - hard
9 heer - eer
10 hoek - hoek

Oefening 79: /h/

Herhaal:

hoor	-	oor
en	-	hen
oud	-	hout
heer	-	eer
uur	-	huur
een	-	heen
hoog	-	oog
hij	-	ei
aard	-	haard
had	-	at

Oefening 80: /k, g/ en /h/

Herhaal:

geld	-	held
goed	-	hoed
goud	-	oud
gat	-	kat
gaan	-	aan
geel	-	keel
geeft	-	heeft
guur	-	kuur
graag	-	graag
geen	-	een

Oefening 81: /v/ en /w/

Klinken de woorden hetzelfde?

1	vaak	-	waak
2	weet	-	weet
3	vorm	-	worm
4	warm	-	warm
5	vol	-	wol
6	welk	-	welk
7	wat	-	vat
8	vork	-	vork
9	vriend	-	vriend
10	wacht	-	vacht

Oefening 82: /p, b, v/ en /w/

In welk woord hoor je /w/?

1	want
2	ver
3	band
4	peer
5	weer
6	van
7	weet
8	vest
9	werk
10	woon

Oefening 83: /b, v/ en /w/

Herhaal:
vinden
baan
wens
beter
willen
vullen
wanneer
vinden
wens
gewoon

Oefening 84: /p, b, v/ en /w/

Herhaal:

pen	-	wen
veer	-	weer
best	-	vest
peer	-	weer
want	-	band
worm	-	vorm
werk	-	berk
wond	-	pond
van	-	ban
ver	-	per

Oefening 85: /j/

Herhaal:
jarig
jongen
ja
je
jullie
juist
jammer
jenever
jumper
jas

Oefening 86: /sj, tj/ en /nj/

Herhaal:
oranje
kanjer
plunjezak
sjouwen
sjaal
sjoelbak
tja
tjalk
tjilpen
tjonge jonge

Oefening 87: /-sj, -tj/ en /-kj/

Herhaal:
beetje
ijsje
ietsje
mandje
bedje
hartje
stukje
hondje
bakje
hokje

Dit hoofdstuk bevat toetsen bij iedere les. In deze toetsen wordt voornamelijk de nieuw aangeboden stof uit de betreffende les getoetst.

In de toetsen zijn oefeningen opgenomen over functies, grammatica, woordenschat en woordaccent. Bij de oefeningen over woordaccent is het de bedoeling dat u de woorden opleest. Het laatste onderdeel van iedere toets is een luisteroefening. Deze oefening kan alleen gedaan worden als u over een talenpracticum beschikt.

Bij de oefeningen zijn geen voorbeelden opgenomen omdat de oefeningen van hetzelfde type zijn als in het oefenboek. Bij de vormgeving is er rekening mee gehouden dat de cursisten ruimte genoeg hebben om in te vullen. U kunt de toetsen dus zonder verdere wijziging kopiëren.

1 Kies de goede reactie.

1 Waar kom je vandaan?
a Uit Canada.
b In Engeland.

2 Woont u in Rotterdam?
a Nee, in Amsterdam.
b Op nummer 26.

3 Ik heet Ruud. En jij?
a Mevrouw Willems.
b Mariska.

4 Komt u uit Marokko?
a Ja, in Brussel.
b Nee, uit Turkije.

5 Woont u in de Fabriekstraat?
a Ja, u ook?
b En jij?

6 Op welk nummer woont u?
a Waar in de Brugstraat?
b Op 53.

7 Mijn naam is De Coo.
a Kunt u dat spellen?
b En u?

8 Bent u meneer Mertens?
a Nee, ik ben Jos de Groot.
b Prettig met u kennis te maken.

2 Maak de zinnen compleet.

1 .... Rob Geerts.   5 .... Aicha.
2 .... uit Belgie.   6 .... uit Marokko.
3 Hij .... in Brussel.   7 Ze .... in Utrecht.
4 Hij .... kapper.   8 Ze .... student.

3 Beantwoord de vragen.

1 Wat is uw voornaam? ....
2 Wat is uw achternaam? ....
3 Waar komt u vandaan? ....
4 Wat is uw geboortedatum? ....
5 Waar woont u? ....
6 In welke straat? ....
7 Wat is uw postcode? ....
8 Wat is uw telefoonnummer? ....

4 Luister naar tekst 7: Op de Nederlandse les. Maak de tekst compleet.

Pamela   .... kom je vandaan?
Aicha   .... Marokko.
          En jij?
Pamela   Ik kom .... Engeland.
          .... jij ook uit Marokko?
Joao   ...., uit Brazilie.
Pamela   En uit .... land kom jij?
Jamila   Ik .... uit India.

1 Kies de goede reactie.

1 Hoe maakt u het?
a Goed, dank u.
b Goed, maar waar?

2 Hallo John, hoe gaat het ermee?
a O, lekker Paul.
b Ja, graag.

3 Hoe is het met jou?
a Ik zie wel.
b Nou, het gaat wel.

4 Zullen we vanavond naar de film gaan?
a Nee, ik kan niet.
b Ik ook.

5 Heb je zin om naar een café te gaan?
a Uitstekend, dank u.
b Nou, misschien.

6 Goedemiddag, mevrouw Vandijke.
a Goedemiddag, meneer Vandenputte.
b Goedenavond, meneer Vandenputte.

7 Wat zullen we morgen doen?
a Misschien.
b We zien wel.

8 Ik heb trek in koffie.
a Ik weet het niet.
b Ik ook.

2 Zet de woorden in de goede volgorde.

1 ergens - we - Zullen - drinken - koffie - ?

....

2 morgen - jarig - Ik - ben

....

3 het - ermee - Hoe - gaat - ?

....

4 we - Laten - thuisblijven - maar

....

5 David en Wendy - naar de markt - vanmiddag - gaan

....

6 trek - Heb - in een broodje - je - ?

....

3 Vul de volgende woorden in:

maand	uitnodigen	morgenochtend
jarig	overdag	
drinken	concert	

1 Ga je .... mee naar de markt?

2 Wanneer heb je les, ... of 's avonds?

3 Volgende .... ga ik naar Marokko.

4 Zullen we de buurman ook .... voor het feest?

5 Dinsdag is mevrouw Vandenputte ....

6 Paula gaat in het weekend naar een ....

7 In de kantine kun je koffie ....

4 Luister naar tekst 8: Bij Wendy. Maak de tekst compleet.

Oscar	Ik ben .... jarig.
	Heb je zin om te ....?
Wendy	Ja, ... Wanneer? 's Morgens, ..., 's avonds?
Oscar	's Avonds.
Wendy	Nodig je .... mensen uit?
Oscar	Ja, ... veel.
Wendy	Tot .... dan.
Oscar	....

1 Kies de goede reactie.

1 Wat wil je drinken?
a Ik neem een broodje.
b Ik wil wel koffie.

2 Zegt u het maar.
a Hebt u appelsap?
b Ik kom zo bij u.

3 Wat heb je liever, pils of appelsap?
a Het maakt me niet uit.
b Nee, ik heb dorst.

4 Hoe vind je het eten?
a Eet smakelijk.
b Niet zo lekker.

5 Wat vind je van de vis?
a Ik vind hem te zout.
b Ik houd wel van zoet.

6 Ik wil graag vlees met friet en sla.
a Wat voor vlees?
b Zegt u het maar.

7 Heb je honger?
a Ik heb liever een tosti.
b Nee, ik heb dorst.

8 Eet u smakelijk.
a Dank u wel.
b Proost.

2 Maak de zinnen compleet.

1 Waar .... jullie vanavond, in een restaurant of thuis?

2 .... ze hier een dagschotel?

3 Wij .... graag koffie en wat willen jullie?

4 Zullen we een fles .... nemen?

5 Wilt u .... of witte wijn?

3 Welk woord hoort er niet bij?

1 het café - de bar - de visboer - het restaurant

2 het pilsje - de hagelslag - de lievelingsdrank - de alcohol

3 's middags - vanavond - 's nachts - waarvandaan

4 weten - uitgaan - uitnodigen - bestellen

5 de ober - de kapper - de school - de visboer

4 Welk woorddeel krijgt accent?

1 appelsap	5 tosti
2 menukaart	6 restaurant
3 kabeljauw	7 ober
4 dagschotel	8 citroen

5 Luister naar tekst 4: In een restaurant. Maak de tekst compleet.

Max   ...., kunnen we hier eten?

Ober   .... u gereserveerd?

Max   Nee.

Ober   Dan .... u even wachten.

Max   Wat doen ....?

Willy   ....

        Zeggen .... het maar.

Daan   .... we wachten?

Olga   Ja, ...

Ober   Gaat u maar .... aan de bar zitten.

1 Kies de goede reactie

1 We hebben soep: tomatensoep, groentesoep en champignonsoep.
a Kunt u dat nog een keer zeggen?
b Ja, ik ook.

2 Ik wil morgenavond naar de film in Cinematic. Ga je mee?
a Ja, voor mij ook graag.
b Wat zeg je?

3 Wilt u lid worden van de Boekenclub?
a Goed, maar waar?
b Nee, ik heb geen interesse.

4 De kaartjes voor het concert kosten honderd gulden. Wilt u een
  kaartje kopen?
a Het maakt me niet uit.
b Dank u, ik ben niet geïnteresseerd.

2 Zet de woorden in de goede volgorde.

1 u - wat - Kunt - praten - langzamer - ?
3 gaat - Hoe - jou - het - met - ?
4 mij - graag - Voor - uitsmijter - een
5 plaatsen - zijn - De - goede - duur
6 kopen - de - appels - We - lekkerste

3 Beantwoord de vragen.

1 Van welke muziek houdt u het meest? ....
2 Wat eet u het liefst? ....
3 Drinkt u liever koffie of thee? ....
4 Wat doet u in het weekend graag? ....

4 Vul in. Kies uit de volgende woorden:

museum   asbak   verder
belangstelling buurt   voorstelling
langzamer   uitsmijter   onderweg

1 Wilt u misschien wat .... praten?

2 Weet u waar het .... is?

3 Ik wil graag een .... bestellen.

4 Nee, ik heb geen .... voor uw club.

5 Woont u in de .... van een restaurant?

5 Luister naar tekst 2: Onderweg in de taxi. Maak de tekst compleet.

Taxichauffeur   Waar .... u zijn in de Van Goghstraat?

Mieke Smeets   ....?

Taxichauffeur   Op .... nummer moet u zijn in de Van

                Goghstraat?

Mieke Smeets   O, op ....

Taxichauffeur   Is dat .... de bioscoop?

Mieke Smeets   ....

Taxichauffeur   Nummer 43, ... dat bij de bioscoop?

Mieke Smeets   O, Cinematic ....

                Ja, dat is .... de bioscoop.

1 Kies de goede reactie.

1 Wie is er aan de beurt?
a Nee, dank u.
b Ik.

2 Anders nog iets?
a Ja, twee pakjes boter.
b O, wat jammer.

3 Zegt u het maar, meneer.
a Dat valt mee.
b Een kilo aardappels.

4 De macaroni is te koud.
a O, wat jammer.
b Wel aardig.

5 Hoe duur zijn deze sportschoenen?
a Die wegen twee kilo.
b Die kosten ƒ 150,-.

6 Hoe vindt u deze broek?
a O, dat geeft niet.
b Wel aardig.

7 Wilt u rijst of aardappels?
a Dat is te duur.
b Geeft u maar aardappels.

8 Hoe zwaar is dit stuk salami?
a ƒ 2,98.
b Drie ons.

2 Vul in: 'deze', 'die' of 'dat'.

1 .... druiven zijn zoeter dan die.

2 .... broek is te groot; ik neem ....

3 Welke appels wilt u: .... of ....?

4 Hoe zwaar is .... stuk kaas?

5 Hebt u .... advertentie van Torenzicht ook gezien?

3 Beantwoord de vragen.

1 Draagt u graag een spijkerbroek? ....

2 Waar zijn kleren goedkoper: in Nederland of in uw land? ....

3 Kunt u f 100,- wisselen? ....

4 Welke maat schoenen hebt u? ....

5 Van welk seizoen houdt u het meest? ....

6 Wat vindt u van het eten in Nederland? ....

4 Kies het goede woord.

1 Wat eet jij **'s avonds/'s morgens** als ontbijt?

2 Mijn zoon heeft een **kleine/jonge** maat schoenen.

3 Wat voor **kleur/maat** ogen heeft dat kind?

4 Hoeveel **kassa's/verdiepingen** heeft dat grote huis?

5 Het is **jammer/heerlijk**, maar deze broek past me niet goed.

5 Luister naar tekst 2: In een schoenenwinkel. Maak de tekst compleet.

Verkoopster	Goedemorgen.
Fernando Quiros	Goedemorgen, ... u sportschoenen?
Verkoopster	Ja hoor. Welke .... heeft u?
Fernando Quiros	Maat ....
Verkoopster	Ik zal ..... iets voor u halen. Hoe .... u deze?
Fernando Quiros	....
Verkoopster	En ....?
Fernando Quiros	Die vind ik ....
Verkoopster	Trekt u .... maar even aan. Zitten ze ....?
Fernando Quiros	Ze zijn een .... smal.

1 Kies de goede reactie.

1 Hoe lang is deze kamer? Zes meter?

a Zoiets ja.

b O, dat geeft niet.

2 Wanneer is uw volgende examen?

a Eens kijken, over drie maanden, denk ik.

b Een uur, ongeveer.

3 Hoeveel moet ik deze rok korter maken?

a Ik weet het niet precies.

b Hoe spreek je dat uit?

4 Hoe duur zijn nieuwe zolen in de hakkenbar? Weet jij dat?

a Wat moet eraan gebeuren?

b Geen idee.

2 Vul de volgende woordgroepen in:

dat ding   eens kijken
zo'n   hoe spreek je dat uit?

1 A Wanneer kunt u dit werk afhebben?

  B ...., volgende week denk ik.

2 Kunt u me helpen? 'College', ...

3 Heb jij mijn pen gezien? Ik kan .... niet vinden.

4 A Hoe ziet je nieuwe blouse eruit?

  B .... blauwe spijkerblouse, weet je wel?

3 Zet de woorden in de goede volgorde

1 weet - Ik - het - niet - precies

2 haar jas - vinden - niet - kan - Ulla

3 nieuwe - hoeft - geen - Tilly - hakken

4 kapot - zijn - De hakken - niet

5 alleen - Een ongeluk - nooit - komt

4 Wat betekent ongeveer hetzelfde?

1	pantalon	a	japon
2	overhemd	b	riem
3	jurk	c	trui
4	jas	d	snel
5	ceintuur	e	mens
6	jumper	f	blouse
7	vlug	g	mantel
8	persoon	h	broek

5 Geef een beschrijving van uw docent.

Wat doet ze/hij? Hoe ziet ze/hij eruit? Welke kleren heeft ze/hij aan?

....

....

....

....

....

6 Luister naar tekst 4: Bij de kleermaker. Maak de tekst compleet.

Ulla Svensson	Kunt u deze .... veranderen?
Kleermaker	Wat is het ...., mevrouw?
Ulla Svensson	Hij is .... wijd.
Kleermaker	O, dus ik moet .... innemen?
Ulla Svensson	Innemen? ....
	.... in het Nederlands?
Kleermaker	Ja, hij is .... te wijd?
	.... moet ik hem innemen?
Ulla Svensson	Nou, ik .... het niet precies.
	Ongeveer ...., denk ik.
Kleermaker	.... centimeter?
Ulla Svensson	................, ja.
Kleermaker	Ik zal het even ....

1 Kies de goede reactie.

1 Pardon mevrouw, mag ik u iets vragen?

a Geen idee.

b Ja hoor.

2 Weet u waar de Nassaustraat is?

a Dat geeft niet.

b Eens even kijken.

3 Retour Amsterdam, alstublieft.

a Dat klopt.

b Waarnaartoe?

4 Het station moet hier in de buurt zijn, klopt dat?

a Ja, dat klopt.

b Graag gedaan.

5 Dank u wel.

a Tot uw dienst.

b Natuurlijk.

6 Hoe laat is het?

a Om kwart over drie.

b Kwart over drie.

7 U hebt geen plaatsbewijs.

a O, neemt u me niet kwalijk.

b Bedankt.

8 Hoe laat begint de les?

a Morgenochtend.

b Om acht uur.

2 Maak de zinnen compleet.

1 Waar .... u ingestapt?

2 U .... een zone te weinig gestempeld.

3 Kunt u .... legitimeren?

4 Waar gaat u ....?

3 Beantwoord de vragen.

1 Koopt u altijd een kaartje voor de bus of de trein? ....

2 Hoe komt u altijd naar de les? ....

3 Hoe lang bent u onderweg van uw huis naar de les? ....

4 Hebt u deze week met de trein of de bus gereisd? ....

   Waarnaartoe? ....

5 Hebt u een rijbewijs? ....

5 Vul de volgende woorden in en zet ze zonodig in de goede vorm.

beginnen   vertrekken
heen   rechterhand
strippenkaart

1 Hoe laat .... de film?

2 Waar gaat deze bus ....?

3 Aan uw .... ziet u het Centraal Station.

4 Wanneer .... de trein?

5 Hebt u een .... voor me?

6 Luister naar tekst 3: In de tram. Maak de tekst compleet.

Controleur	Meneer, mag ik .... uw plaatsbewijs zien?
Jacques Pilot	Wat .... u?
Controleur	.... plaatsbewijs, uw kaartje.
Jacques Pilot	Moment, ...
Controleur	Dank u .... Waar bent u ....?
Jacques Pilot	.... Slotermeer.
Controleur	En u .... naar het Centraal Station?
Jacques Pilot	Ja.
Controleur	Dan hebt u een zone te .... gestempeld.

1 Kies de goede reactie.

1 Zou jij deze brief naar de brievenbus kunnen brengen?
a Natuurlijk.
b Graag gedaan.

2 Kunt u zich legitimeren?
a Alstublieft, hier is mijn paspoort.
b Ja, leuk.

3 (Aan de telefoon:) Met Janneke Koolhof.
a Dag, met Anneke Jansen.
b Ja, dat klopt.

4 (Aan de telefoon:) Zou ik de directeur even kunnen spreken?
a Wilt u wachten of belt u terug?
b Moment, ik zal hem even roepen.

5 (Aan het loket:) Mag ik u iets vragen?
a Wat is het adres?
b Wat wilt u weten?

2 Maak de zinnen compleet.

1 .... bel ik je nog wel.
2 Zou u me even .... helpen?
3 .... ik je iets vragen?
4 .... u mijn jas pakken?
5 Moment, ik verbind u even ....
6 Zou je hier misschien naar .... kijken?

3 Beantwoord de vragen.

1 Wat is het netnummer van de plaats waar u woont? ....

2 Wat zegt u als u de telefoon opneemt? ....

3 Hebt u een betaalpas? ....

4 Waar kunt u informatie over telefoonnummers krijgen? ....

5 Met wie belt u vaak? ....

4 Vul de volgende woorden in en zet ze zonodig in de goede vorm.

aantekenen   verhuisbericht
brievenbus   gesprek
inlichting

1 Als je een nieuw adres hebt, moet je een .... sturen.

2 Ik wou graag een .... met Japan, als dat kan.

3 Deze brief moet je wel .... versturen.

4 Kunt u mij .... geven over woordenboeken?

5 Pakjes kunnen niet altijd door de ....

5 Luister naar tekst 5: Anna Mertens belt op. Maak de tekst compleet.

Jan Veenstra	....
Anna Mertens	.... zegt u?
Jan Veenstra	Met Veenstra.
Anna Mertens	O, neemt u me niet ....
	Dan .... ik een .... nummer gedraaid.
Jan Veenstra	Wie moet u ....?
Anna Mertens	Mariska Prins.
Jan Veenstra	Ja, ... Die woont hier ook.
Anna Mertens	Kan ik .... even spreken?
Jan Veenstra	Ja hoor, ... zal haar even ....

LES 9:   WAT STAAT ER IN DE KRANT?

1 Kies de goede reactie.

1 U gaat met uw vriend naar de film, die om zeven uur begint. Het
  is al kwart voor zeven. Wat zegt u?

a Denk je dat echt?

b Zeg, schiet toch op.

2 Uw vriendin belt u op dat ze geen tijd heeft bij u te komen. Wat
  zegt u?

a Meen je dat nou?

b Je hebt gelijk.

3 Iemand vraagt of u ook vindt dat er in Nederland veel bladen
  zijn. U bent het daarmee eens. Wat zegt u?

a Dat is waar.

b Gelooft u dat echt?

4 Een vriend van u zegt dat er in Nederland nooit stakingen zijn.
  Wat zegt u?

a Nee, dank je.

b Is dat zo?

5 Uw docent zegt dat er in roddelbladen als Story of Privé veel
  dingen staan die niet kloppen. U vindt dat ook. Wat zegt u?

a Ik ben het met u eens.

b Echt waar?

2 Maak de zinnen compleet.

1 In Nederland zijn erg veel kranten en tijdschriften. Ten ....
  zijn er kranten en dagbladen. Ten .... kennen we
  opiniebladen en ten .... vakbladen en hobbybladen.

2 .... vervelend dat er vandaag geen Franse
  tijdschriften zijn binnengekomen.

3 Is .... nog nieuws over de stakingen in Groningen? Zet

eens .... de radio aan.

4 Kent u vakbladen of hobbybladen .... Personal Computer

Magazine of Vrouw en Mode?

3 Maak de dialogen compleet.

1 A ....

B Denk je dat echt?

2 A Ik vond het een interessant gesprek.

B ....

3 A Er waren geen kaarten meer voor het jazzfestival.

B ....

4 A Denkt u dat er een oplossing voor de crisis komt?

B ....

4 Vul een van de volgende woorden in en zet ze zonodig in de goede vorm.

| belangrijk | oplossing | gelijk | conflict |
| gezondheid | staking | kiosk | probleem |

1 Vindt u het .... dat er roddelbladen zijn?

2 Die oude mevrouw heeft veel problemen met haar ....:

ze ziet slecht en ze kan ook niet goed lopen.

3 Er is nog steeds geen .... voor het conflict.

4 Ik vind niet dat hij .... heeft.

5 Hebt u vanmorgen de krant gekocht in de .... ?

5 Luister naar tekst 2: Kranten en tijdschriften. Maak de tekst compleet.

Heeft u in een kiosk of krantenwinkel ook wel eens ......: wat zijn

er toch een .... verschillende bladen? Of: .... staat

mijn eigen favoriete blad? Bovendien lijken veel bladen op ....

In principe kun .... ze in vijf .... verdelen.

In de .... plaats hebben we de .... of dagbladen.

Deze .... verschijnen elke dag, behalve zondag. Ze geven

.... nieuws: .... de politieke situatie in China of

Engeland, over protestacties .... de politie, enzovoort.

1 Kies de goede reactie.

1 Iemand zegt tegen u: 'U weet veel van videocamera's.'
   U bent het daar niet mee eens. Wat zegt u?
a Dat is niet waar.
b Dat denk ik echt.
c Dat hoop ik ook.

2 U hebt een nieuwe computer gekocht. U vraagt naar de mening van
   een vriend over deze computer. Wat zegt u?
a Wat denk jij ervan?
b Wat geloof jij ervan?
c Wat vind jij ervan?

3 U wilt uw mening geven over een programma op de televisie. U
   vindt het niet goed. Wat zegt u?
a Ik vind het een slecht programma.
b De oorzaak is een slecht programma.
c Dat kan een slecht programma zijn.

2 Maak de zinnen af.

1 Ik denk dat videorecorders ....
  ....

2 Volgens mij is Nederland ....
  ....

3 Ik geloof dat computers ....
  ....

4 Ik vind ....
  ....

5 Denkt u ook niet dat ....
  ....?

6 Vindt u het belangrijk dat ....
  ....?

3 **Kies het goede woord.**

1 Zal de belangstelling voor de televisie de komende jaren
  innemen/dalen?
2 Ik gebruik mijn computer **hoofdzakelijk/tweedehands** voor mijn
  werk.
3 Hij zal **eenvoudig/ongetwijfeld** nog bellen.
4 De **toename/belangstelling** van het aantal auto's is enorm.
5 Mag ik even jullie **aandacht/ervaring?**
6 Wat is het **advies/resultaat** van dat onderzoek?

4 **Luister naar tekst 3: Meer televisie kijken, minder lezen. Maak
de tekst compleet.**

Interviewer	Nederlanders kijken steeds .... televisie en lezen .... Dat is de conclusie .... een onderzoek van de heren Kalmijn en Knulst. Wij hebben een .... met de heer Kalmijn. Meneer Kalmijn, ... hebt u precies onderzocht?
Meneer Kalmijn	Wij hebben .... naar het gebruik van kranten, ..., boeken, televisie en radio .... Nederlanders van twaalf jaar en ....
Interviewer	En wat .... de resultaten?
De heer Kalmijn	Ja, dat .... u eigenlijk al .... We hebben vastgesteld dat Nederlanders .... meer tv kijken, ... de belangstelling voor het lezen ....
Interviewer	Geldt dat voor .... Nederlanders?
De heer Kalmijn	Eigenlijk ...., ja. Maar .... bij jongeren hebben we een .... in het tv kijken geconstateerd.

LES 11:   DAAR BEN IK TEGEN.

1 Maak de zinnen af

1 A Bent u tegen geweld?

  B Nou, niet altijd. Bijvoorbeeld ....

2 A Wat vindt u lekker?

  B Ik houd onder andere van ....

3 A Ik vind dat het goed is dat hij zijn vriendin niet meer ziet.

  B Waarom?

  A Nou, ...

4 A Waarom ga je niet vaker met vakantie?

  B Nou, omdat ....

5 A We kunnen nog veel meer doen aan het milieu.

  B Waar denkt u dan aan?

  A Dan denk ik met name aan ....

2 Beantwoord de vragen.

1 Wat vindt u van actiegroepen?

  ....

2 Waar praat u graag over?

  ....

3 Waar kijkt u het liefst naar op de televisie?

  ....

  Waarom? ....

  ....

4 Waaraan moet het meeste belastinggeld worden besteed volgens u?

  ....

  Waarom? ....

  ....

3 Vul de volgende woorden in en zet ze zonodig in de goede vorm.

belasting   buitenlander
meerderheid   regering
standpunt   tentoonstelling
parlementair   enquête

1 Wonen er in uw land veel ....?

2 Heeft uw land een .... democratie?

3 De .... van de Tweede Kamer is voor
  bezuiniging gaat het door.

4 Wat is uw .... in deze zaak?

5 Moeten de mensen in Zwitserland veel .... betalen?

6 In het Stedelijk Museum is volgende maand een ....
  van Mondriaan.

7 Na de verkiezingen komt er een nieuwe ....

8 Dit artikel gaat over de uitslag van een ....
  die onder jongeren is gehouden.

5 Luister naar tekst 1: Gesprek met een politicus. Maak de tekst
  compleet.

Op een bijeenkomst van een politieke partij stelt een journalist
aan meneer Wubbels, die een lezing heeft gehouden, een paar vragen.

Journalist   Er is pas een .... gehouden over de
              hulp van Nederland aan de derde wereld. De meeste
              mensen vinden dat Nederland genoeg ....
              geeft aan de derde wereld. Wat vindt u ....?

Wubbels   Daar ben ik .... niet helemaal mee ....
              Ik vind dat we de hulp nog wel wat kunnen ....

Journalist   Maar .... dat niet dat we in Nederland
              nog .... moeten bezuinigen?

Wubbels   Ja, ... zijn er nog wel ....
              posten .... we kunnen bezuinigen.

Journalist   .... denkt u dan ....?

Wubbels   Dan denk ik .... aan de bewapening.

176

1 Kies de goede reactie

1 Mevrouw, neemt u me niet kwalijk, weet u hier de weg?

a Jazeker.

b Ga je gang.

2 Pardon meneer, mag ik u even onderbreken?

a Ik heb een vraag.

b Moment alstublieft, ik ben zo klaar.

3 Ik heb een vraag.

a Ga je gang.

b Je hebt gelijk.

4 Mag ik nu even iets zeggen?

a U moet me even laten uitspreken.

b Is dat zo?

2 Kies het goede woord.

1 Weet u **wat/dat** UAF betekent?

2 Ze wil weten **dat/of** ze hier kan opbellen.

3 Iedereen weet **hoe/dat** Nederlands leren niet zo moeilijk is.

4 **Nadat/terwijl** ik de test gemaakt heb, ga ik koffie drinken.

5 Ze weten niet **wie/wanneer** het slachtoffer is.

6 Eerst ga ik met vakantie en **nadat/dan** zien we wel verder.

7 **Nadat/voordat** je weggaat, moet je eerst even je kamer schoonmaken.

8 Jorge maakt zijn huiswerk, **terijl/dan** Irene haar vriendin opbelt.

3 Beantwoord de vragen.

1 Wat gaat u na de les doen?

Eerst ....

Daarna ....

Ten slotte ....

2 Wat doet u als u huiswerk maakt?

Eerst ....

Dan ....

3 Mogen in uw land studenten hun docent onderbreken tijdens de les?

....

4 Kies het goede woord.

1 Ze was niet aanwezig op die belangrijke **vergadering/vereniging**.

2 Je moet niet **verlaten/vergeten** vanmiddag je huiswerk te doen.

3 Kunt u mij **bespreken/uitleggen** waarom ik niet mag stemmen?

4 Heeft iemand de familie **gewaarschuwd/uitgesproken**?

5 Bij brand moet je **toenemend/onmiddellijk** de brandweer bellen.

5 Luister naar tekst 6: Tijdens de les. Maak de tekst compleet.

Docent	We gaan .... met oefening 3.
	Wie is er ....? Jorge?
Jorge	Nee, ik wil .... iets vragen.
	Krijgen we .... geen test?
Docent	Ja, het is .... dat je dat zegt.
	Dat was ik .... Dan doen we .... de test
	en .... gaan we verder met oefening 3.
Irene	.... ik nog iets vragen over de vorige les?
Docent	Natuurlijk, ...
Irene	.... is een actiegroep?
Docent	Dat heb ik de .... keer uitgelegd.
Irene	Ja, maar ik weet niet meer precies wat dat ....
Docent	Een actiegroep .... actie voor iets. Voor ....
	onderwijs, ... films op de televisie of voor een
	.... milieu. Zijn er nog .... vragen? Nee?
	Dan beginnen we .... de test.

1 Kies de goede reactie.

1 Heeft Henk snel een kamer gevonden?
a Nee, het viel tegen.
b Ja, het was een voordeel.

2 Zou jij in Almere willen wonen?
a O nee, voor geen goud.
b Nee, al sla je me dood.

3 Na twee maanden zoeken hebben we een benedenhuis in Amsterdam gevonden.
a Dat valt mee, zeg!
b Dat is niet te doen.

4 Weet jij toevallig waar de Karnemelkstraat is?
a Dat is een nadeel.
b Al sla je me dood.

2 Vul de goede vorm van het werkwoord in.

1 Ons huis in Amsterdam .... (zijn) veel kleiner dan dat wat we nu hebben. In totaal .... (hebben) we veertig vierkante meter.
2 We .... (wonen) drie hoog dus we .... (moeten) heel wat trappen op en neer elke dag.
3 In die tijd zijn onze twee kinderen geboren en dat .... (vallen) niet mee.
4 Toen .... (krijgen) we dit huis: op de begane grond, met een tuin. We willen nu nooit meer terug, dat begrijp je!

3 Beantwoord de vragen.

1 Hoe groot is uw huis (in vierkante meters)? ....

2 Hoeveel huur betaalt u? ....

  Vindt u dat veel of weinig? ....

3 Wat zijn de voordelen van het wonen in een stad? ....

....

4 Wat zijn de nadelen van het wonen in een stad? ....

....

4 Vul in. Kies uit de volgende woorden en zet ze zonodig in de goede vorm.

boerderij   kachel   verwarming
leer   moeite   marmer
vierkant   ruimte   reden

1 Als ik veel geld heb, koop ik een .... bankstel.

2 Wat vind jij leuker, een .... of een ronde tafel?

3 Is die film echt de .... waard?

4 Zou u op een .... willen wonen?

5 In de herfst heb je in Nederland meestal wel .... nodig.

5 Luister naar tekst 1: Op zoek naar een kamer. Maak de tekst compleet.

Gerrit Keizer   Zeg, die kamer waar je het .... over had,
is dat nog wat geworden?

Theo de Zeeuw   In de Parnassiastraat, ...?
O nee, dat ....

Gerrit Keizer   ...., was het een kleine kamer?

Theo de Zeeuw   Nou, dat viel nog wel mee, hij was ....
....

Gerrit Keizer   Was het een ....?

Theo de Zeeuw   Nee, het was een kamer op de ...., naast de
keuken. Maar er was veel te weinig licht, vond ik.

Gerrit Keizer   En je had .... geen douche?

Theo de Zeeuw   Ja. .... wel, ze hadden een soort
douchecabine in de .... gemaakt.

Gerrit Keizer   En die kamer lag .... de keuken?
Dat is ....

1 Kies de goede reactie.

1 Jan heeft een ongeluk gehad. Hij heeft zijn vinger gebroken.

a O, wat vreselijk!

b O, gelukkig.

2 Michel is ziek.

a Het spijt me.

b Wat scheelt hem?

3 De bril kost maar f 50,-.

a Ik heb last van mijn ogen

b Dat valt mee.

4 Mijn vriend is gisteren ziek thuisgekomen. Hij is erg verkouden.

a Wens hem beterschap van me.

b Wat heeft hij?

2 Zet de zinnen in de goede volgorde, zodat het een verhaal wordt.

1 Hij kreeg toen namelijk een hersenbloeding.

2 En nu kan hij alweer hardlopen en traint erg veel.

3 Rob de Wit was een jonge, uitstekende voetballer.

4 Maar na een tijdje resaliseerde hij zich dat hij best weer gezond
  kon worden.

5 Maar vorig jaar zomer leek het afgelopen met zijn carrière.

6 Eerst dacht hij: 'Nu kan ik nooit meer voetballen'.

3 Vul de volgende woorden in en zet ze zonodig in de goede vorm.

doen	hopelijk	schelen
zorg	groeten	last

1 Gelukkig heb ik bijna nooit .... van verkoudheid.

2 Maak jij je wel eens .... over je gezondheid?

3 Mijn elleboog .... pijn.

4 Weet u misschien wat hem ....?

5 .... ben je morgen weer beter!

6 Doe de .... aan Margret!

4 U bent vast wel eens ziek geweest. Geef daar een beschrijving van.

Welke ziekte was het? Hoe lang duurde het? Bent u bij een arts geweest? Hoe bent u weer beter geworden?

....

....

....

....

....

....

5 Welk woorddeel krijgt accent?

1 afspraak

2 lichaamsdeel

3 carrière

4 gebroken

5 ziekenfonds

6 waarschijnlijk

7 oogarts

8 opereren

6 Luister naar tekst 3: Een afspraak maken. Maak de tekst compleet.

Telefoniste   Polikliniek Sint Jan, Afsprakenbureau.

Margret Werner   Goedemorgen, met .... Werner.

Ik .... een afspraak maken met dokter Lim, de oogarts. .... hoef ik niet al te lang te wachten?

Telefoniste   Het kan .... twee weken.

Margret Werner   O, ...

Telefoniste   Donderdagmiddag 14 ...., kan dat?

Margret Werner   Ik kan .... op donderdag. .... het op een andere dag ....?

Telefoniste   Nee, ..., dokter Lim heeft hier alleen spreekuur op donderdag.

Margret Werner   Nou, ... moet het maar op donderdag.

LES 15:   MOET DAT ECHT?

1 Kies de goede reactie.

1 Wanneer gaat u met vakantie?
a Dat hangt ervan af.
b Misschien.

2 Wilt u een cursus op maandag of op dinsdag?
a Dat kan niet.
b Ik weet het niet precies.

3 Kan ik echt geen plaats in de cursus krijgen?
a Nee, dat hoeft niet.
b Nee, dat gaat niet.

4 U moet een examen Nederlands doen voor deze school.
a Is dat echt nodig?
b Dat kan niet anders.

2 Kies het goede woord.

1 A Heb jij **wel eens/vloeiend** lesgegeven?
  B Ja, heel lang geleden.
2 Ik ben nog **altijd/nooit** in Zuid-Amerika geweest.
3 A Hoe laat ga jij **alleen maar/altijd** naar bed?
  B O, ik ga **nooit/meestal** niet zo vroeg.
4 David moet **regelmatig/redelijk** voor zijn werk naar het
  buitenland.
5 U kunt wel een gevorderdencursus volgen.
  Ik vind dat u al **redelijk/helemaal geen** Nederlands spreekt.
6 Die man heeft **een klein beetje/heel veel** pijn, hij is erg ziek.
7 Als je vreselijke dorst hebt, wil je **een klein beetje/alleen maar**
  drinken.
8 Als je net in Nederland komt, spreek je meestal nog
  helemaal geen/alleen maar Nederlands.
9 Ik spreek maar **een klein beetje/redelijk** Arabisch.

3 Beantwoord de vragen.

1 Wat voor cursus volgt u, een beginners- of een gevorderdencursus?

....

2 Op welke dagen van de week is uw cursus?

....

3 Hoe lang hebt u op de wachtlijst gestaan?

....

4 Hoe vindt u het om Nederlands te leren?

....

5 Volgt u ook nog andere cursussen? Zo ja, welke?

....

4 Luister naar tekst 1: In een buurthuis. Maak de tekst compleet.

Santiago Ledesma   Ik .... informatie
over de cursussen Nederlands.

Renske Tollenaar   Wat wilt u ....?

Santiago Ledesma   .... beginnen de cursussen?

Renske Tollenaar   ....
Wilt u zich .... voor een
beginners- of een gevorderdencursus?

Santiago Ledesma   Ik .... precies.
Misschien een ....

Renske Tollenaar   Maar u spreekt al ....
Nederlands.
.... kunt u beter een
cursus voor .... doen.

Santiago Ledesma   O, maar ik spreek maar een heel klein
.... Nederlands.

Renske Tollenaar   Maar u bent ook geen .... beginner
meer.
De beginnerscursus is voor mensen die nog
.... geen Nederlands spreken.

1 Kies de goede reactie

1 Het werk dat ik voor u heb, is zwaar en vervelend.

a Dat kan me niet schelen.

b Dat valt mee.

2 Door mijn werk kom ik met veel mensen in contact.

a Dat lijkt me leuk.

b Dat doet er niet toe.

3 We hebben een baan voor u als schoonmaker.

a Dat is moeilijk te zeggen.

b Dat lijkt me niet leuk.

4 Hoe gaat het op je werk?

a Het bevalt me prima.

b Ik werk bij de PTT.

2 Vul in: 'iets' of 'iemand'.

1 Kan .... mij even helpen?

2 Ik wil graag .... anders gaan doen, daarom ben ik
aan het solliciteren.

3 Ik moet even .... opbellen.

4 Ik zoek een cadeau voor mijn vader. Weet u misschien
.... leuks?

3 Geef een beschrijving van werk dat u wel eens hebt gedaan.
Wat voor werk was het? Wanneer hebt u dat gedaan? Hoe vond u
het?

....

....

....

....

....

4 Vul de volgende woorden in en zet ze zonodig in de goede vorm.

salaris   spijt
veiligheid   verantwoordelijk
verzekeren   opgeven
vacature   onregelmatig

1 Hebt u geen .... dat u niet eerder gesolliciteerd hebt?

2 Voor de .... van de koningin wordt veel geld uitgegeven.

3 Het .... bij deze baan is niet hoog.

4 In Nederland zijn de mensen voor bijna alles ....

5 Wie is er .... voor deze zaak?

6 Hebt u zich al voor de cursus ....?

7 Dat uitzendbureau heeft niet veel ....

8 Als je in een ziekenhuis werkt, heb je meestal ....
  diensten.

5 Luister naar tekst 2: Gesprek met een treinconducteur. Maak de tekst compleet.

Interviewer	Meneer Smeets, ... doet u precies?
Twan Smeets	... . conducteur bij de Nederlandse Spoorwegen.
Interviewer	En .... lang doet u dit werk ....?
Twan Smeets	Ik ben nu twaalf jaar conducteur, maar ik .... al zestien jaar bij de NS.
Interviewer	.... daarvoor?
Twan Smeets	.... ik conducteur werd, bedoelt u? Toen werkte ik .... stationsassistent.
Interviewer	En waarom bent u conducteur ....?
Twan Smeets	Tja, een baan op kantoor .... me niets en ik wist dat de NS een goede .... was, dus toen ze conducteurs .... hadden, heb ik ....
Interviewer	En .... hebt u achteraf geen .... van?
Twan Smeets	Nee, ... niet, want ik vind het een .... beroep. Ik kom .... dag met veel mensen .... contact, ik heb aardige .... en het is een afwisselend ....

186

Bibliografie

Ek, J.A. van, *The Treshold level for modern language learning in schools*, Longman, London, 1977.

Fontein, A.M. en A. Pescher-ter Meer, *Nederlandse Grammatica voor Anderstaligen*, N.C.B., Utrecht, 1985.

Kleijn, P. de en E. Nieuwborg, *Basiswoordenboek Nederlands*, Wolters-Noordhoff, Groningen, 1983.

Programmacommissie Nederlands als Tweede Taal voor Volwassenen, *Nederlands voor anderstalige volwassenen, Doelstellingen en exameneisen voor de Certificaten A en B*, 1986.

Wilkins, D.A., *Notional syllabuses*, Oxford University Press, London, 1976.

Wynants, A., *Drempelniveau Nederlands als vreemde taal*, Raad van Europa, Strasbourg, 1985.